定向运动路线设计
理论与实践研究

欧阳建飞　著

中国原子能出版社

图书在版编目（CIP）数据

定向运动路线设计理论与实践研究／欧阳建飞著
.--北京：中国原子能出版社，2023.10
ISBN 978-7-5221-3093-4

Ⅰ．①定…　Ⅱ．①欧…　Ⅲ．①定向运动-路线-设计
-研究　Ⅳ．①G826

中国国家版本馆 CIP 数据核字（2023）第 215632 号

定向运动路线设计理论与实践研究

出版发行　中国原子能出版社（北京市海淀区阜成路 43 号　100048）
责任编辑　张　磊
责任印制　赵　明
印　　刷　北京九州迅驰传媒文化有限公司
经　　销　全国新华书店
开　　本　787 mm×1092 mm　1/16
印　　张　6.75
字　　数　108 千字
版　　次　2024 年 7 月第 1 版　2024 年 7 月第 1 次印刷
书　　号　ISBN 978-7-5221-3093-4　　定　价　68.00 元

前 言

　　国内有关定向运动路线设计的专业书籍可以用稀缺来描述。到目前为止，系统讨论定向运动路线设计的著作有一本由吴寿虎和徐青在1994年编译的《定向运动路线设计与技能训练》，这本著作内容丰富，实用性强，至今对国内定向运动路线设计员仍然有很强的指导意义，堪称经典。但是，自20世纪90年代中期以来，定向运动的理念和实践已经发生了巨大的变化，无论从哪一方面来考虑，都迫切需要有一本系统反映近三十年定向运动发展探索和实践趋势的路线设计著作。

　　《定向运动路线设计理论与实践》写作源自四个机缘。一是自2008年以来，我有幸多次主持全国学生定向锦标赛、全国定向锦标赛、全国定向冠军赛等国内顶级定向赛事的路线设计工作，也有幸承担过世界军人运动会定向比赛和世界定向排位赛的路线设计工作，多次参加瑞典五日赛并有机会与该赛事的路线设计员进行交流，较系统地掌握了定向运动路线设计的前缘理论和技术，积累了丰富的路线设计经验，一直想找时间和机会进行梳理和总结。二是2021年春，我有幸参加了由全国青少年运动技能等级标准研制组组织的《青少年定向运动运动技能等级标准与测试方法》的研制工作，在工作中有机会就路线设计的一些理论和技术问题与参与标准研制的同行进行深入交流，在交流过程中他们都支持我在定向运动路线设计理论、技术和实践上展开进一步的研究。三是在2022年秋，我受邀加入了高等教育出版社《定向运动（第三版）》编写组，负责第九章即定向运动路线设计章的编写工作，在编写工作中对定向运动路线设计的理论和实践进行了再次梳理和总结，但限于教材的定位和篇幅，有许多相关问题没有机会展开和深入讨论，该教材的主编王翔、朱建清、缪柯教授等都建议我在此基础上写一本定向运动路线设计方面的书，以弥补国内定向运动路线设计相关书籍和参考资料的稀缺，以助国内定向运动路线设计人才的培养和路线设计质量的提高。四是在工作中经常接到一些路线设计员的咨询，为他们解答路线设计中面临的实际问题，他们也迫切希望有一个实用的路线设计操作手册。在这几种机缘的推动下，经过一年多的努力本书终于定稿。

本书共六章，从功能上分为路线设计理论和技术（前四章）与路线设计实践（后两章）两部分。第一章讨论定向运动的新概念和路线设计的概念，并从路线设计的视角讨论了定向运动的分类，依此讨论路线设计的分类和路线设计的流程。第二章多路线设计的视角讨论定向运动技能，定向运动路线设计本质上是向定向的参与者提出定向技能的挑战，因此，深入理解并熟练掌握定向运动技能应该是路线设计实践的出发点。第三章从影响定向运动路线性能的主要因素出发，讨论路线和路段难度分级方案和路线质量的评价。第四章通过解读国际定联《定向运动路线设计原则》《短距离竞赛路线设计指南》《郊野定向竞赛路线设计指南》讨论竞技性定向运动路线设计技术。第五章从教育和娱乐健身的视角对路线设计实践进行讨论。第六章讨论几种特殊路线设计的实践问题。

本书基本涵盖了国内定向运动路线设计中可能遇到的主要问题，可作为路线设计员研究路线设计理论和技术的参考资料和开展路线设计实践的参考手册，也可作为路线设计员培训的教材和参考用书。本书在写作过程中得到了众多同行和朋友的支持和帮助，但由于本人经验和视野的局限，难免会有一些疏漏和谬误之处，本人恳请广大读者提出宝贵意见，以期在修订时加以纠正和完善。

欧阳建飞

2023 年 9 月

目 录

第一章 定向运动路线设计概述

第一节 定向运动的概念

一、定向运动的定义

（一）定向运动的一般定义

近十余年来，随着定向运动实践的不断丰富，定向运动的定义和概念也在发生着变化。目前，国际定向运动联合会（以下简称"国际定联"，缩写"IOF"）关于定义运动的定义可以概括为：定向运动是指在实地不存在标示路线，在行进中必须借助地图和指北针导航的一类涉及大量心智元素的耐力型体育运动，要求参与者具备读图能力、专注力、快速确定最优路线的能力及相应的体适能水平。

在定向实践中，通常设置若干控制点将定向活动区域划分为若干区段，以从多个维度为参与者提供探险挑战的经验和价值体验，并检验其定向能力及基于专门的教育目标设置的其他能力。这些控制点在定向中称为检查点，当然也可以根据需要称为其他的名称，如任务点。

从价值体验来看，定向运动至少涉及相互关联，密不可分的追求卓越、体验竞争、娱乐健身、教育和社交网络等五个元素。在定向运动中，甚至可以说在任务体育活动中这五个元素都是必不可少的，但组织者、参与者、观赏者聚焦的元素往往各有侧重。因此，为在定向实践中在更好的实现活动的目的和目标，需要分别从追求卓越、体验竞争、娱乐健身、教育和社交网络等五个方面下操作定义。但是，对定向运动的理解应该建立在整体观上。任何定向活动都或多或少地包括了以上几个元素，他们在定向运动中互相联系和互相影响，在功能上密不可分地共同发挥着作用，为参与者创造价值体验。

（二）定向运动——追求卓越视角

从追求卓越视角，即从竞技的视角可以将定向运动定义为：定向运动是一项让运动员借助定向地图和指北针按竞技规则在尽可能短的时间内独立导航到访若干标示在竞赛地域中的检查点的耐力型体育运动。成功的运动员需要有在高速奔跑中的杰出读图能力、高度专注力和快速确定最优路线的能力，需要优秀的身体力量、敏捷性和类似于 3000 米障碍赛跑或马拉松运动员的体能。禁止运动员提前进入竞赛地域，禁止运动员提前获取由检查点位置定义的路线。

（三）定向运动——体验竞争视角

从体验竞争的视角可以将定向运动定义为：定向运动是一项让运动员借助定向地图和指北针按竞技规则在尽可能短的时间内独立导航到访若干标示在竞赛地域中的检查点的耐力型体育运动。成功的参与者需要有在高速奔跑中的杰出读图能力、高度专注力和快速确定最优路线的能力，需要优秀的身体力量、敏捷性。

（四）定向运动——娱乐健身视角

从娱乐健身的视角可以将定向运动定义为：定向运动是一项重在参与的借助"地图"或借助"地图"和指北针按规则导航到访标示在活动环境中的若干检查点或任务点的耐力型体育运动。对体能没有特别的要求，心智和社会情感元素在其中发挥着重要的作用。

（五）定向运动——教育的视角

从教育的视角可以将定向运动定义为：定向运动是一项重在教育的

借助"地图"或借助"地图"和指北针按规则导航到访标示在教育环境中的若干任务点的探险型体育运动。对体能、心智和社会情感的要求取决于教育目的、目标和价值取向。

（六）定向运动——社交网络的视角

在信息时代，社交网络在活动中所占据的地位越来越重，因此可以从社交网络的视角将定向运动定义为：定向运动是一项重在社会交往的借助"地图"或借助"地图"和指北针按规则导航到访标示在社交网络中的若干任务点的耐力体育运动。对体能没有特别的要求，社会情感元素和群体与个体的价值取向在其中发挥着重要的作用。

二、定向运动的主要形态

定向运动的形态主要由定向运动的环境、寻访任务点顺序和定向运动的社会性三个主要元素决定。

（一）影响定向运动形态的主要元素

1. 定向运动环境

从历史和发展的角度，定向运动的环境可以归纳为郊野、城镇和新态势三大类型。

定向运动自诞生之日起，有近百年时间主要采用限定式在以自然森林为主的野外或郊野中举行，这类环境称为郊野环境。自在 20 世纪 90 年代中期始，定向开始尝试离开野外环境在城市公园、村落、城镇街区、校园等充满人文景观的半自然环境中举行并扎根下来，这类环境称为城镇环境。近十余年来，定向不断尝试拓展新的环境空间，特别是为定向教育和娱乐健身拓展新的环境空间，这类正在不断拓展和延伸的定向环境空间称为定向环境新态势，目前大致可以归纳为室内、运动场、模拟环境、虚拟环境及混合环境（真实与模拟和/或虚拟环境的混合体）等。

2. 寻访任务点的顺序

在定向中，寻访任务点的顺序有按规定顺序和自选顺序寻访两种基本形式，它们组合生成了限定式（点对点式）、自由式和半自由式定向三种寻访任务点的主要形式。

3. 定向运动的社会性

按寻访任务点的社会性大致可以归纳为单独、结伴、团队合作寻访任务点三种主要类型。其中结伴寻访任务点可进一步归纳为有协商的结伴、无协商的结伴、分工轮流三种形态；团队合作寻访任务点可进一步归纳为按预先规定的分工独立完成，按临场实际情况和个人能力分工独立、结伴和合作完成，前者如接力定向、后者如团队定向。

以下主要以寻访任务点的顺序为主线介绍定向运动的主要运动形态。

（二）限定式定向（点对点定向）

限定式定向又称点对点定向，是指按规定顺序依次寻访路线上的所有任务点，以完成路线的用时判定绩效的定向形态。限定式定向是经典的和最基本的定向运动形态，也是运用得最广泛的定向运动形态，常见的主要类型有以下几个方面。

1. 越野定向

在郊野环境中进行的个人限定式定向。

2. 城镇定向

在城镇环境中进行的个人限定式定向。

3. 接力定向

以团队合作形式进行的限定式定向。运动员或参与者组成接力队，预先分配好棒次，一棒接一棒地单独完成属于自己的路线。详见后文。

4. 星形定向

星形定向是指将起、终点合并在一起放在活动环境的中心（有时也放在活动环境的一侧），任务点放在四周，参与者每寻访若干任务点就要返回一次终点再次出发，直到完成所有的任务点的限定式定向。

星形定向可按每次出发寻访的任务点数量和路线的形状进一步分类。如按数量可以分为单点式、双点式和多点式星形定向。星形定向也常常以接力的形式进行，如每棒依次出发完成若干任务点后返回终点交接棒，直到所有的任务点都被访问过一次；或每棒同时出发完成自己的任务点返回终点交换地图后再次出发，直到每棒都访问过所有的任务点。

5. 专线定向

专线定向是指参与者沿着标记在地图上的规定路线行进，并将行进中遇到的任务点的位置准确地标记在地图上的限定式定向。在专线定向地图上，除起、终点外，没有任务点。

按标记任务点位置的时间，专线定向可以分为即时式和延时式两种类型。即时式是指遇到任务点时，即时标记在地图上；延时式是指在完成部分规定路线或全部规定路线后再凭记忆将遇到的任务点标记在地图上。专线定向还可以将标记任务点位置拓展为同时制作任务线索卡。

（三）自由式定向

自由式定向是指在限定最后一个任务点的前提下，参与者以自选顺序的方式寻找任务点或通过寻找任务点获得积分的定向运动形态。限定最后一个任务点是为了引导参与者从同一方向到达终点。自由式定向可按任务点是否被赋予分值分为散点式和积分式两大类，其中散点式定向可进一步分为个人散点定向和团队散点定向两种类型，积分式定向可进一步分为计分积分定向和计时积分定向两种类型。

1. 个人散点定向

个人散点定向是指参与者以自选顺序的方式尽可能快地寻访任务点，以寻访任务点的效率判定绩效的自由式定向。散点定向主要有三种形式。

（1）在尽可能短的时间内找到所有的任务点。

（2）在规定的时间内尽可能多地寻访任务点。

（3）在最短的时间内从所有任务点中任意寻访规定数量的任务点。

2. 团队散点定向

团队散点定向是指参与者以团队合作方式完成散点式定向，主要有两种形式。

（1）自由式团队定向。自由式团队定向是指由队长指定团队中各成员（个人或结伴）负责寻访的任务点，全队成员分工合作自选寻访顺序完成所有的任务点，以最后返回终点的成员的用时判定绩效的团队散点定向。

（2）半自由式团队定向（开放式团队定向）。半自由式团队定向是指将任务点分为必到点和自由点，必到点是队中所有成员（个人或结伴）都要自选顺序寻访的任务点，自由点是只需队中有任意成员（个人或结伴）自选顺序寻访的任务点，由队长指定各成员负责的自由点，全队成员分工合作完成所有的必经点和自由点，以最后返回终点的成员的用时判定绩效的团队散点定向。

3. 计分积分定向（积分定向）

计分积分定向通常简称为积分定向，是指根据任务点难度、离起终点的距离及活动组织管理的需要给每个任务点赋予一定分值，也可以给每个任务点都赋予相同的分值，参与者在规定时间内自选顺序寻访任务点获取尽可能多的积分，根据积分多少判定绩效的自由式定向。如果寻访检查点的用时超过规定时间，将按规则罚分。例如，每超过规定时间

1分钟罚2分。

积分定向也可以团队定向的形式进行，但要注意的是，成员重复访问的任务点不能重复计分。

4. 计时积分定向

计时积分定向是指参与者在尽可能短的时间内以自选顺序寻访任务点的方式获取规定积分，以获取规定积分的用时判定绩效的自由式定向。它还有一种特殊形式——全积分式，即参与者以自选顺序寻访所有的任务点获得全部积分。

（四）半自由式定向

半自由式定向是指参与者按规定顺序访问一部分检查点，按自选顺序访问另一部分检查点，以完成路线的用时判定名次的定向形式。按访问规定顺序和自选顺序的检查点的方式划分为两交替式和穿插式两种主要类型。

1. 交替式

交替式是指按规定顺序访问检查点和按自选顺序访问检查点交替进行的半自由式定向。如，首创山地马拉松（OMM）中的混合路线，参赛者先按规定顺序访问若干检查点完成第一个赛段，接着按自选顺序访问若干检查点完成第二个赛段，最后再按规定顺序访问余下的检查点完成第三个赛段到达终点。

2. 穿插式（团队赛）

穿插式半自由定向是指按规定顺序访问检查点和按自选顺序访问检查点相互穿插进行的半自由式定向，如团队赛。

团队赛是指将检查点分为要求参赛团队所有成员均按规定顺序访问的必经点和只需有一名团队成员按自选顺序访问的自由点两类，以最后一名返回终点的团队成员的比赛用时作为团队成绩判定名次的半自由式定向形式。

（五）新态势定向

新态势定向是指在新态势定向环境中进行的定向运动。以下介绍几种常见的或可能具有发展潜力的新态势定向形态。

1. 标线定向

标线定向是指利用球类比赛场的标线作为框架定位任务点进行的限定式定向。标线定向按标线的功能分为两类。

（1）无约束的标线定向。标线的基本功能是为布置任务点提供参考线，参与者可以在场地中自由定。该标线定向可以进一步分为有参考线的标线定向（地图上有标线）和无参考线的标线定向（地图上无标线）。

（2）有约束的标线定向。参与者只能沿标线定向。另外，还可以通过设置禁行标线和拓展标线来丰富标线定向的环境。

2. 迷宫定向

迷宫定向是指在模拟环境——迷宫中进行的限定式定向。有时，迷宫也可能是真实环境。迷宫定向直观易理解，难度可以分级设计，可以以个人、结伴和接力的形式进行，还可以以隔场对抗的形式进行。

3. 网格定向

网格定向是指在以网格为框架建构的模拟环境，如2×2网格（四宫格）、3×3网格（九宫格）、4×4网格（十六宫格）等中进行的限定式定向。网格中的任务点特征可以图片和图像、色块和形状、模型和道具及实物等相同、同类或不同特征。

网格定向可按网格的功能分为两类，一是无约束的网格定向，网格仅用于布置模拟环境，地图上无网格线，参与者可以在环境中自由定向；二是有约束的网格定向，地图上有网格线，参与者只能沿网格线定向。

4. 蛇形定向

蛇形定向是在以网格为框架建构的模拟环境中进行的一种类似专线定向的定向形态。不同的是，任务点和行进路线都标示在地图上。蛇形定向主要发展读图沿规定路线快速前进的能力。

5. 模式定向

模式定向是在以网格为框架建构的模拟环境中进行的一种类似自由式定向的定向形态。模式定向的基本思路是：给参与者一份含有若干模式的任务卡，如○●□■◇◆，让其在环境中自由寻访任务点，利用任务点上的标识和材料匹配出对应模式。由于有模式作为引导，模式定向并不是严格意义上的自由式定向。扑克牌定向、宾果定向都是模式定向的一种形式。

三、定向运动的基本模式

定向运动主要有以定向运动为本体和以定向运动为载体两种探险挑战模式，分别简称为定向模式和定向+模式。

（一）以定向运动为本体模式（定向模式）

以定向运动为本体模式的基本目的和目标是为参与者提供识图导航挑战和在自然、半自然和人工环境中移动的挑战，挑战的核心能力是识图导航能力和身体素养，从而为参与者提供原汁原味的定向体验。

（二）以定向运动为载体模式（定向+模式）

以定向运动为载体模式以定向运动本体为基础，在路段和/或任务点上融入针对具体的活动目的和目标设计的系列性任务及挑战，以在发展定向能力和身体素养的同时，围绕着专门的目的和目标提供定向体验，探险挑战的核心能力不但包括了来自定向本体的挑战，还包括了来自于专门的目的和目标设计的其他系列性挑战，从而在定向体验的基础上为参与者提供更多的价值体验。

四、定向运动分类

从路线设计来考虑，可以从竞技和体验竞争、娱乐健身和社会网络和教育三个角度定向运动进行分类。

（一）从竞技和体验竞争角度分类

从竞技和体验竞争角度通常可以按持续时间或按竞技规格分为长距离赛、中距离赛、短距离赛、超短距离淘汰赛、接力赛、短距离接力赛。

（二）从娱乐健身和社会网络的角度分类

从娱乐健身和社会网络的角度通常可以分为郊野定向、城镇定向、迷宫定向、夜间定向、固定路线定向、接力定向、专题（主题）定向。

（三）从教育的角度分类

从教育的角度通常可以分为郊野定向、城镇定向（校园定向）、新态势定向、散点定向、积分定向、团队定向、接力定向、星形定向、熟悉环境定向、不熟悉环境定向等。

五、定向运动的性质和特征

定向运动的性质和特征可以从文化性质和特征、独特性质和特征，以及教育性质和特征进行讨论

（一）定向运动的文化性质和特征

1. 探险性

定向运动文化是一种探险文化。定向运动源于探索未知地带的需求，自诞生之日起就充满着探险性。国际定联将定向运动的发展愿景定位为"最具吸引力的探险运动，老幼皆宜"，充分体现了定向运动对探险性的追求。

探险是人类本能的一部分，搜寻不同的东西对探险者具有很大的吸引力。人们对刺激的渴望源于日常的挑战，挑战与探险结合在一起让定向探险更具魅力。

在科技发展、城市化、社会文化变迁和生活生产形态变化等多种因素的影响下，我们正在疏离我们祖先赖以生存的自然环境，正在失去他们经过数十万年进化和适应获得的在自然环境中的生存能力，患有"自然缺失症"的孩子越来越多。人类对自然的依赖就如同对母亲的依赖，只有在母亲的怀抱中才能找到滋养心灵的精神家园。多项研究表明，与大自然接触对儿童的身心健康至关重要，不仅可能减轻注意力缺陷多动障碍的症状，而且还能提高儿童的认知能力和承受压力、抗抑郁的能力。还有研究发现绿色环境与儿童大脑中的结构变化存在关联，在绿色环境中玩耍可以预防儿童的免疫系统疾病。

进入 21 世纪以来，人类回归自然的需求日益强烈。定向运动是最接近我们的祖先在进化过程中所从事的狩猎和采集活动的项目，是一项人类回归自然的运动。19 世纪 20 年代现代定向运动的兴起源自回归自然运动的兴起。20 世纪末，在森林中活动了近百年的定向运动走出了森林，走进城市街区、公园、校园，甚至室内。但其对在"自然"环境中奔跑、在奔跑中识图导航技能的要求没有改变，对探险的追求没有改变，大自然仍然是定向运动的精神家园。定向运动是延续和发扬人类探险精神的现代载体。

2. 包容性

包容是国际定联的核心价值观之一。国际定联将定向运动定位为"适合所有群体，包括不同年龄和不同身体能力的群体的运动"，体现了定向运动对包容的追求。定向运动在规则、思维方式、行为方式和活动模式上都表现出很强的包容性和灵活性。

（二）定向运动的独特性质和特征

定向运动是一项涉及到大量心理因素的高策略性耐力运动。

1. 奔跑中思考与导航

定向运动特有的技战术特征是在奔跑中思考与导航、快速判断与快速决策，在尽可能短的时间内找出并沿着最适合自己的线路通过竞赛路线。通常用"在奔跑中导航"来进行刻画。它们涉及到奔跑中的地图和地形认知能力、距离和速度判断能力、指北针运用能力、在压力下保持专注的能力，对自身技能、体能和身体状态的评估能力，路线快速搜索、快速判断和快速决策能力、规划和时间管理能力和执行决策的决断力。

2. 在自然地形中奔跑

定向运动的奔跑能力是一种基于自然环境的奔跑能力，包括在不同地貌、地表、植被特征中的走、跑、跳、平衡、钻爬、攀登等最基本的运动能力。研究发现，定向运动是一项对力量和敏捷性有相当需求的，体能要求与3000米障碍跑和马拉松跑相似的耐力运动。

3. 认知技能与动作技能运用相统一，以认知技能为主导

定向运动被形象地描述为"在奔跑中弈棋"。定向运动"金规"是"以能保持清晰思维的速度奔跑"，就是说参赛者运动和认知的心理负荷要达到一种均衡状态。定向中认知技能和动作技能的运用是相互促进和相互制约的，以认知技能的运用为主导，处于一种认知和运动的心理能量协同变化和均衡状态。如概略定向时，认知需要的心理能量低，可以提高动作负荷中的心理能量，用更高的速度奔跑。而精确定向时，认知需要的心理能量高，应该减少动作负荷中的心理能量，降低奔跑速度，甚至步行或停下来完成认知任务。

（三）定向运动的教育性质和特征

定向运动的教育性质和特征主要体现在其分段导航和多任务分段驱动的动力学特征、开放性和整合性上。

1. 分段导航和多任务分段驱动的动力学特征

定向运动是一种分段导航和多任务分段驱动的运动。分段导航是参与者在定向中面临的基本挑战。在定向+的模式下，融入定向中的其他系列性任务为参与者提供了进一步的挑战。两者的整合让定向更有吸引力。定向中，参与者的价值体验主要来自挑战一个又一个导航和其他系列性任务的挑战感、愉悦感、成就感和自我效能感。

2. 开放性和整合性

定向运动的包容性、定向和定向+的挑战模式，以及分段导航和多任务分段驱动的动力学特征，让定向具备了明显的开放性和整合性。开放性和整合性让定向构建了一个基于地图的探险类体育活动平台。

第二节　定向运动路线设计的概念

一、定向运动路线的定义

定向运动路线，简称"定向路线"或"路线"，是定向运动的核心要素之一，是指由起点、终点和任务点等控制点位置的空间分布和空间关系及规定通道和禁行通道定义的参与者定向活动区域、识图导航区段及顺序。

路线用紫红色的路线符号标绘在地图上。起点、终点和任务点分别用等边三角形、两个同心圆和圆表示，符号的几何中心是它们的准确位置。前后两个点之间是必须"识图导航"行进的区段——"路段"。对于按规定顺序寻访任务点的点对点定向，由前后两个点构成的路段用实线段"连线"连起来，并在任务点旁用数字标明其序号。对于自选顺序寻访任务点的自由式定向，前后两个点之间没有连线，也没有序号。在较正式的"比赛"中，最后一个点与终点通常用虚线连起来。虚线表示必须沿着其行进的规定路线。即从最后一个点开始，必须沿着实地的引导标识（标记线路）或地图上的图示线路（实地无引导标识）到达终点。任务点是路线的结构单位，是路线的节点，是决定路线的空间分布的框架。路段（包括规定路线）是路线的功能单位，其基本功能是提供识图导航的挑战，决定了路线的走向和参与者可能获得的价值经验。

（一）任务点

任务点是指必须按规则寻访并打卡取得访问证明或记录的控制点。任务点是路线的结构单位，其空间分布与规定通道和禁行通道一起界定了定向游戏和活动的环境空间，其空间关系决定了路段的起终点。当定向以定向+的形式呈现时，任务点也可以作为功能单位为拓展活动提供挑战场所。

任务点由任务点特征和任务点器材构成。任务点特征是要寻访问的对象，如大树、石头、路的交叉等。任务点器材包括任务点标识（点标旗和任务点代）和打卡器两个部分。

（二）路段

路段是指由前后两个任务点位置定义的"识图导航"区段。路段是路线的功能单位，决定了定向中识图导航的范围和走向。路段有两种呈现形态：

（1）限定式路段。路段的起止点由路线设计员规定，以起始任务点、终止任务点及其序号和位于两个任务点之间的连线的形式呈现。

（2）自由式路段。路段的起终点由参与者自己配置，以起始任务点、终止任务点及其代码的形式呈现，两个任务点之间没有连线。

路段的基本功能是提供识图导航的挑战或为得到好的识图导航路段提供引导或过渡。当定向以定向+的模式呈现时，路段还可以提供其他方面的挑战，如过木桥对平衡和协调能力的挑战。

二、路线设计的定义

路线设计是指根据定向运动活动（赛事）目的、项目特征和参与者特征及需求规划活动功能、检查点和路线及其设置的过程。因此，路线设计包括了活动（赛事）目的和目标的设计、功能区设计、路线设计四个基本环节。

三、路线设计的分类

路线设计可以按定向运动类型来分类，也可以按路线难度来进行分类。定向运动的类型及其主要项目已如上文所述，按路线难度分类通过可以将路线分为在4~5个难度等级。路线难度与定向场地或定向环境密切相关，一般情况下作如下区分。

（一）熟悉环境中定向运动路线设计

熟悉环境中定向运动路线设计可进行一步分为熟悉的郊野环境、城镇环境定向运动路线设计两大类。

（二）不熟悉环境和陌生环境中定向运动路线设计

不熟悉环境和陌生环境中定向运动路线设计也可进行一步分为熟悉的郊野环境、城镇环境定向运动路线设计两大类。

（三）模拟环境定向运动路线的设计

四、路线设计指南

国际定联为竞技性路线设计了路线设计的原则和指南三个路线设计文件。这些文件主要是针对竞技性定向而言的，对其中的许多内容对非竞技性路线设计也具有重要的指导意义。

（一）国际定联路线设计原则

该原则一个竞技性路线设计的通用原则，包括了在郊野和城镇环境中举行的竞技性定向运动的路线设计。

（二）国际定联郊野定向路线设计指南

该指南主要适用于在郊野环境中举行的中距离赛、长距离赛和接力赛及类似的竞技性定向项目的路线设计。

（三）国际定联短距离路线设计指南

该指南主要适用于在城镇环境中举行的短距离赛、短距离接力赛和短距离淘汰赛。

第三节　路线设计流程

一、赛前路线设计

（一）调研阶段

调研阶段应该按以下五个工作步骤进行。

1. 第一步：把握竞赛或活动主要信息

（1）调研阶段首先的工作是通过学习竞赛或活动规程掌握赛事或活动的规格、规模、组别设置和项目设置。

（2）通过组委会相关机构获得各组别各项目参赛人数及其年龄、身高（特别是最简单路线上参与者的平均身高）、身体素质（特别是力量，柔韧性和平衡能力），定向运动的经验和水平信息，以及定向运动打卡记时系统供应商等信息。

（3）如果报名还未结束，通过组委会相关机构获得竞赛或活动以往数据并进行统计分析，估计各组别、各项目的参赛人数和定向水平。

2. 第二步：明确路线设计任务

通过对竞赛或活动主要信息的把握明确路线设计的任务，包括拟设计路线的项目、各项目的路线分类、数量与技术要求。

3. 第三步：组建团队，获得并熟悉地图

（1）路线设计员与技术代表和制图员建立联系，组成团队，商定分工并制定一个对团队所有人员来说都具有可操作性的路线设计工作进度表。在制定工作表的过程中要重点确定制图员的工作时间，如果制图员的工作时间无法准确确定，路线设计员应考虑由自己来完成地图修测任务，并在进度表中预留足够的时间。

（2）获得并熟悉地图，初步确定场地的可用区域。通过与技术代表和制图员充分沟通，充分了解场地使用授权信息和禁区信息，掌握场地中危险区、禁区、环境敏感区分布信息，以及季节和天气变化对场地可用性的可能影响，确定场地的边界和可用区域。

（3）研究地图，掌握场地的总体地形特征和各类地形特征分布情况，特别是要掌握哪些区域可提供最大的技术挑战，哪些区域可提供最好的路线选择挑战，哪些区域可以提供最大的体能挑战，以及哪些区域对技术或体能的要求最低等，确定场地的适宜性。如果组织方希望提供全方位的路线，则场地中需要有足够的线状特征来满足最简单的路线的要求，也要有足够的复杂的地形以满足最难路线的要求。如果做不到，就要考虑采取什么措施来提高场地的适宜性。如，要在有分布有开阔地和易跑林，缺少路径的地形中设计一条白色标准的路线，就要考虑用设置引导带来代替线状特征，并且这些虚拟的人造线状特征必须贯穿一个路段的始终。从检查点的开始到检查点结束。

4. 第四步：初步拟定可能的竞赛区和检查点

（1）初步拟定各条路线的技术参数。如果可能的话，应该查看场地或场地所有区域以往路线、成绩和成绩分布。查看以往路线和成绩时要注意的是，要考虑到因季节变化而可能产生的影响，特别是因植物生长情况不同产生的影响。

（2）初步确定竞赛区的边界。

（3）初步确定备选的起点和终点位置，停车场和集结区位置。

（4）初步确定具有框架或节点功能的关键检查点位置和所有路线的总体流向。

（5）初步确定备选检查点位置、草拟代码和检查点说明。

5. 第五步：草拟路线优化

将草拟路线及相关说明发送给技术代表，听取技术代表的意见，并按技术代表的意见对草拟路线修改。

（二）实地勘查阶段

该阶段的主要工作内容和要求主要包括以下几个方面。

（1）对第一个阶段草拟方案的可用性进行勘查。勘查时，路线设计团队，包括制图员和技术代表应该从起点出发，沿着总体路线的流向行进到终点，对草拟方案的内容和备选内容进行逐一检查、确认或修改、调整。

（2）检查地图的质量。在对草案方案进行可用性检查的同时，对地图质量进行检查。地图质量检查时，路线设计团队应该一起确认地图的质量问题和地图修测方案。

（3）观察道路、停车场、公共区域的人流和车流情况。

（4）确认在比赛日是否有其他约束条件，如在比赛日宠物和家畜活动如何管理，是否会有其他活动同时进行等。

（5）检查手机信号覆盖范围。

（6）完成并向技术代表提交实地勘查报告。

（三）路线设计阶段

该阶段的工作应该按以下要求和步骤进行。

1. 路线设计的步骤

（1）制作路线设计图。路线设计图应该包括竞赛区边界，禁区和危险区位置，所有路线总体分布和流向。制图员应尽早将该图发送给技术代表，听取其意见和建议，修改完善后才能开展后续的设计工作。

（2）按先低难度路线后高难度路线进行路线设计，先找出长而有趣的路段，然后围绕长路段设计短路段并将它们连接起来，形成完整路线的步骤完成路线的设计。

（3）路线调整。尽量减少通过难通行的植被的路段、无故爬高的路段、要求穿越禁区和危险区的路段、有很多类似长度的路段和不需要集中注意力集中沿路跑（儿童组的路线除外）的路段。

（4）咨询技术代表。路线设计完成后，路线设计员应尽早将路线设计图和路线设计日志发送给技术代表，听取其意见和建议。

（5）按技术代表意见修改完善。

2. 工作要求

路线设计员要做好路线设计日志，主要内容包括：

（1）各路线的设计思路，技术参数，包括路线代码、检查点数量、路线长度、爬高、修正后的路线长度、胜出时间和有效时间等。

（2）各路段的性质、功能和对定向运动技能和路线选择的需求说明。

（3）检查点说明。

（四）实地测试阶段

该阶段的工作主要是检查路线设计和地图精度是否符合要求，主要包括以下工作内容。

1. 检查点特征位置与地图精度

路线设计员要访问每个检查点位置，用指北针从所有攻击点对检查点特征的位置精度进行检查，同时考查检查点特征及其属性是否被地图精确地反映出来了，附近是否有其他类似的特征没有被绘制出来（如，更多的石头）。

2. 检查点设置

如果检查点特征没有问题，检查检查点将放置的位置，重点检查检查点的可见性。无论是否有人已经在该检查点，检查点的可见性应该是相同的，如果该检查点可以从很远的地方看到，就应该考虑其他的位置。

3. 检查点说明

检查检查点特征的尺寸和外观（如，巨石、岩石的尺寸），确定是否需要在检查点说明中为检查点特征添加限定符号（如，浅的、毁坏的）。

4. 测试

安排测试员试跑主要的长路段。如果条件允许，最好能够试着完成几条主要路线，评估主要长路段和路线是否达到预设的要求。

5. 完成并提交实地测试报告

如果条件允许，该阶段应该邀请技术代表和制图员参加，以便现场确定修改、调整方案，并完成修改和调整。

该阶段还要注意的是，尽量不要对地图过分挑剔——快速移动的运动员不会注意到路线设计者在走动时看到的小错误。特别是，非常接近检查点的错误可能不太重要：一旦运动员看到点标旗，这是他注意的一切。

（五）优化定稿

该阶段的工作主要是对路线进行最后的优化，并交技术代表修改后定稿，主要包括以下工作内容。

1. 路线调整

通过重点检查以下内容对路线进行必要的调整。

（1）在同一个检查点，是否会有不同路线的参赛者从相反或几乎相反的方向接近的检查点？如果有，应该对路线进行调整。

（2）是否有检查点会有太多的运动员聚集？

（3）是否有检查点靠得太近？

（4）是否有不必要的检查点？除了必要的检查点，检查点应该尽可能少。

（5）路线长度和爬高是否需要调整？

2. 路线修剪

检查路线上的连线和检查点圆圈是否遮盖了重要的地形细节，如果是，要剪去连线和圆圈上的该部分。

3. 检查点代码

检查是否会有令参赛者混淆的检查点代码。

4. 地图上的其他路线符号

检查应该用路线符号标记为禁区、不可通行的边界和道路的特征是否被标记。

5. 技术代表修改定稿

完成以上修改后，将修改好的路线并附上修改说明和所有路线的技术参数，提交给技术代表，由技术代表作最后修改后定稿。

（六）地图印刷或打印

该阶段的主要工作是印刷或打印地图，并做好相应的保密工作。打印地图时要注意几个问题。

（1）确保用于打印的文档是最终版本。

（2）如果地图用打印机打印，要使用路线设计时使用的打印机打印。

（3）路线设计员应全程参与打印过程，检查地图的质量并及时发现可能存在的路线问题。

（4）布点图及其上的检查点说明最好按布点分区放大打印。

（七）路线预设

路线预设时，所有预定的检查点位置都必须用统一的标示带做好标记，标示带必须有弹性，容易被看到，并标记好检查点代码。路线预设时应注意以下几个方面的问题。

1. 确保检查点位置的正确性

（1）检查点位置必须是由路线设计员和技术代表同意使用的确切位置。

（2）如果不能确认上一点，参加路线预设的裁判员应该将问题记录下来并及时通知路线设计员，由路线设计员进行确认。

（3）标示带应该精确地放在检查点在的位置，而不是在最近的树上或检查点特征上。

2. 明确检查点设置器材

预设时应对检查点设置的环境条件进行考察，确定打卡设备和点标旗的固定方式，如用架子还是用打桩，并记录下来。拍摄包含标识带在内的检查点位置。

3. 起点、终点的标记

（1）起点的点标旗位置应该在三角形的中间。

（2）出发区布局的关键节点也要标记出来，包括地图盒的位置、出发线和待发线的位置都要标记出来。最好能保证出发线上的运动员可以看到点标旗，但待发线后的运动员看不到。

二、赛中路线设置

赛中路线设置的主要工作是找到预设的检查点位置并设置好检查点。赛中路线设置要注意的三个关键问题，一是要在地图上，如果拍摄了检查点位置的照片，同时也要在照片上再次确认检查点位置的正确性；二是要在放大的检查点说明旁打上相应检查点上的备用针孔打卡器的针孔排列图案,并在返回时交给成统与技术信息中心;三是要检查起、终点点标旗设置的正确性,这两个位置的点标旗通常分别由起点和终点裁判员设置。

三、赛后路线评估

赛后路线应用情况评估可以从以下几个方面展开。

(一)参赛者体验分析

收集参赛者对路线质量和体验感的评价,特别是获胜参赛者、被取消比赛资格的参赛者和中途退赛的参赛者对路线质量和体验感的评价。通过对收集到的反馈信息与技术代表、其他路线设计员一起分析路线设计存在的问题和今后的改进方向。

(二)胜出时间和有效时间分析

(1)分析胜出时间与预设的胜出时间的差异及其原因。

(2)统计分析参赛者完赛时间分布信息,结合参赛者的反馈信息,评估路线对参赛者的适宜性。

(三)成绩无效信息分析

统计分析成绩无效和退赛参赛者分布信息,分析其原因,提出今后的改进方向。

第二章　定向运动技战术

第一节　定向运动技战术分类

定向技能可以从不同的角度进行分类。从路线设计的角度，定向运动可以从定向技能的主要功能和定向技能的难度两个维度进行类。

（一）按定向技能的主要功能分类

按定向技能在定向中所发挥的主要功能来进行分类，实际上是按定向过程或环节进行分类。因此，定向技能可以划分为基本技能、路线规划技能、路线执行技能和分享技能（表 2-1）。基本技能是指在所有环节中都发挥重要作用的技能。要注意的是，路线规划包括了两个方面，一是行进线路的设计，二是技能运用策略的安排。

表 2-1　基于主要功能的定向技能分类表

类别	定向技能
基本技能	理解地图的基本概念 理解和使用基本路线符号（起点、任务点、终点、序号、箭头和叉等） 理解地图符号和使用图例 给地图定向（给地图找方向、标定地图或对齐地图）
路线规划技能	计划在前 理解和使用扶手 基于距离比较的简单路线选择 理解和使用攻击点 走捷径（抄近路） 逆向思维 基于距离比较的复杂路线选择

续表

类别	定向技能
路线执行技能	在各种适宜的环境中快速移动 理解和使用安全方位 确定站立点与手指定位 折叠地图与手指辅行 做好计划再行动、读懂地图再移动 识别和使用决策点 实地对照读图 理解和使用任务点线索 打卡 将自己想象成在地图上移动的点 相对距离判断 理解和使用最近的已知点
分享技能	回顾与反思 用术语分享 换位思考、批判性思维和观点采择

（二）按定向技能难度分类

按定向技能难度可以将定向技能划分为基础定向技能、初级定向技能和高级定向技能（表2-2）。基础定向技能是参与者在首次参与定向前必须知道的知识和技能。基础、初级和高级定向技能还可以按技能学习与发展序列，进一步细分为若干学习与发展进阶。

表2-2 基于技能难度的定向技能分类表

类别	定向技能
基础定向技能	理解地图的基本概念 理解和使用基本路线符号（起点、任务点、终点、序号、箭头和叉等） 理解地图符号和使用图例
初级定向技能	给地图定向（给地图找方向、标定地图或对齐地图） 计划在前 理解和使用扶手 基于简单距离比较的路线选择 在日常环境中快速移动 确定站立点与手指定位 做好计划再行动、读懂地图再移动 识别和使用决策点 实地对照读图——图-地对照 理解和使用任务点线索 打卡 回顾 分享

续表

类别	定向技能
高级定向技能	在各种适宜环境中快速移动 理解和使用攻击点 走捷径（抄近路） 逆向思维 基于距离比较的复杂路线选择 理解和使用安全方位 实地对照读图——地-图对照 将自己想象成在地图上移动的点 相对距离判断 理解和使用最近的已知点 反思 用术语分享 换位思考、批判性思维和观点采择

第二节　定向运动主要技术解读

定向运动基础技术是指在不同的定向情境中都必须不断应用的技术，包括理解基本的地图语言和地形、确定站立点、标定地图、拇指辅行、折叠地图、对照读图。

定向技能都以正确理解定向地图符号及其表示基本地形的原理和方法为基础。因此，学习和掌握定向技能的前提是对定向地图语言的理解和掌握。

确定站立点是指在确定自己当前在地图上的位置的技术，是"将自己感知为一个运动着的点"的概念的技术基础。"将自己感知为一个运动着的点"的概念是定向运动的基本思维策略。"运动着的点"本质上就是运动着的站立点。在实地使用地图必须首先确定站立点，并在用图过程中保持站立点，即必须能随时确定站立点。定向中，参赛者出发时的站立点是已知的，出发后只需要通过对照读图保持地图与实地间的联系，不需要一开始就应用确定站立点的技术。只有当其因技术失误而失去了地图与实地间的关联，丢失了站立点，即"迷路"了才需要重新确定站立点。因此，定向中确定站立点技术的主要表现形式是重新定位技术。

一、标定地图和确定目标方位

标定地图，又称给地图定向，是指使地图与实地的空间关系保持一致的技术，即使地图上的图示特征与相应实地中的地形特征方位一致的技术。标定地图是正确使用地图的前提，在定向中必须随时保持地图处于标定状态。标定地图技术包括利用地形标定地图和利用指北针标定地图。

（一）利用地形标定地图和确定目标方位

利用地形标定地图主要有三种方法，它们分别对应于三种应用情境。

1. 原地转动地图标定地图

当身体朝向或行进方向已经确定时，站在已知点，在实地两个不同方向上分别找出一个与地图上图示符号相对应的明显地形特征，如山顶和建筑物等，然后在站立点上水平转动地图，使视线通过图上符号瞄准实地相应地形特征，当两个方向上都瞄准好时，地图就与实地空间位置关系取得了一致。

2. 原地转动身体标定地图和确定目标方位

当身体或行进方向还没有确定，需要确定目标方位时，站在已知点，在地图上目标方向两侧或在目标方向与目标方向一侧找到两个明显地形符号，然后水平持握地图将站立点、目标与目标间的连线置于身体正前方且目标位于身体远端，转动身体在实地中找到两个与地图上图示符号相对应的地形特征，并使视线通过图上符号瞄准它们。当两个方向上都瞄准好时，地图就与实地空间位置关系取得一致了。这时，身体正前方就是目标所在的方位。

3. 在行进中标定地图

在行进中标定地图是指在改变行进方向时保持地图的标定状态，有两种操作技术。

（1）转动身体改变前进方向时，保持地图方位不变。

（2）转动身体改变前进方向时地图先随身体转动，然后再向相反方向旋转并保证两者的转动角度一致。

（二）利用指北针标定地图和确定目标方位

用指北针标定地图主要有两种方法，对应两种应用场景。

1. 转动地图标定地图

（1）将指北针放在地图上，前进方向箭头指向前方；

（2）水平旋转地图，使地图磁北线与磁针平行且方向一致。

2. 转动身体标定地图和确定目标方位

（1）指北针长边沿站立点和目标间的连线固定，前进方向箭头指向目标；

（2）转动刻度盘使其磁北标定线与地图的磁北线平行且方向一致；

（3）水平持握指北针与地图将连线置于身体正前方且目标位于身体远端，然后旋转身体（此过程可以拿开地图）直到磁针与磁北标定线平行且方向一致。这时，身体正前方就是目标所在的方位。

3. 使用没有刻度的指北针的执行程序

此方法适用于有可旋转刻度盘的指北针。如果使用没有刻度盘的拇指指北针、腕式指北针，则按以下程序执行。

（1）指北针长边沿站立点和目标间的连线固定，前端指向目标；

（2）水平持握指北针与地图将连线置于身体正前方且目标位于身体远端，然后旋转身体直到磁针与磁北线平行且方向一致。

二、折叠地图

折叠地图是指以当前路段为中心，将地图折叠成只需用一只手就可以方便地应用拇指辅行技术和轻松地专注于读图的技术。折叠地图时应注意以下三点。

（一）折叠后的地图大小要适宜

折叠后的地图既要有足够的可视区域，又要便于拇指辅行，还要考虑项目特征和路段特征。如长距离赛的长路段，折叠后的可视区至少应包含当前路段的检查点及其连线两侧宽度相当于二分之一连线长度的区域；积分定向地图折叠后的可视区应包括更多的检查点，以便整体规划访问检查点的顺序。

（二）地图折叠方向

初学者应该沿平行或垂直于磁北线的方向折叠地图，且以一折为宜。高水平运动员通常沿当前路段平行折叠地图，折叠方式可以是一折，也可以是两折。

三、拇指辅行

拇指辅行技能是指将拇指指尖或拇指型指北针前端内侧顶角定位在当前站立点的后面，并随着身体在实地的连续移动，拇指或拇指型指北针在地图上进行相应的跳跃式移动，从一个导航特征移动到另一个导航特征的技术。拇指辅行技术能帮助参赛者保持实地与地图的联系，即随时确定自己的站立点，让参赛者在地图上和实地中齐步并进。拇指辅行是定向思维"将自己感知为一个运动着的点"的具体体现。遵循这个概念定向，出错的可能性会非常低。

四、对照读图

对照读图包括图-地对照和地-图对照。

（一）图-地对照

图-地对照是指根据站立点周围的地貌和地物符号与实地对照，找出实地中相应的地貌和地物特征，建立地图与实地关联的技术。

（二）地-图对照

地-图对照是指根据实地看到的已知站立点附近的地貌和地物特征，在地图上找出它们的符号和位置，建立地图与实地关联的技术。

图-地对照和地-图对照是建立地图与实地关联的基础。在实践中，这两种技术通常联合运用。完成一个路段时，通常先用图-地对照技术找出实地中相应的地形特征，然后观测这些特征附近，特别是沿行进方向及其附近的特征，再用地-图对照技术在地图上找出它们的符号和位置。如此往复地对照读图直到到达检查点。但在读图技能发展的不同阶段，图-地对照和地-图对照技能的功能和地位有所不同。在技能发展的初期两种技能处于平等的地位，然后会逐步转向以图-地对照为主、地-图对照为辅，特别是提前读图技能得到发展后更是如此。

五、读图战术

读图技术是指在地图与实地地形之间建立关联的技术，包括理解地图语言和地形、理解制图综合的原则、用地形标定地图、对照读图、精确读图、概略读图、等高线判读等技术，以及一些精英运动员的个性化技术，如可视区技术。从认知过程来看，读图是一个地图二维信息与实地三维信息间相互对照的过程，即将地图上的二维平面信息通过转换为大脑中有关实地地形的言语信息、二维图形或三维图像并与实地地形对照的过程；或者反过来，将实地三维形态转换为三维图像、二维图形或言语信息与地图对照的过程。也就是说读图有三种认知方式，具体采用哪种或联合采用哪些认知方式，主要取决于个体的认知风格。

（一）精确读图

精确读图是"先尽可能多"地记住沿行进方向及其两侧附近的地形符号，或地物和地貌，并在实地中或地图上精确找出他们的对照读图技术。

（二）概略读图

概略读图是"尽可能少"地记住沿前进方向及其两侧附近独特醒目或大而醒目地形符号或地物和地貌，并在实地中或地图中找出他们的对照读图技术。

精确读图与概略读图的关键环节是对"尽可能多"和"尽可能少"的把握。基本原则是充分有效，即读取的地形符号或地形特征要能满足安全快速导航的需要，且每个符号或特征在导航中都是有用的。"尽可能多"和"尽可能少"是相对的，随读图环境和读图者的技能水平的变化而变化。

随着环境复杂性的增加，概略读图时读取的符号和地形特征会由"少"变成"多"，而随着复杂性的降低，精确读图时读取的符号和地形特征会由"多"变"少"。在同样的环境复杂性水平，随着读图技能的提高，概略读图和精确读图时读取的符号和地形特征都会由"多"变"少"。

精确读图和概略读图还决定着参赛者读图时的移动速度。一般情况下，读图越精确，速度越慢，读图越概略，速度越快。

六、指北针导航技术

指北针导航技术是指借助指北针向目标方位行进的技术，包括指北针精确导航和概略导航。

（一）指北针精确导航

指北针精确导航是用指北针确定目标方位，并借助指北针准确地沿着目标方位行进的技术。在实际应用中，为了保证导航的精确性，通常沿行进方向寻找若干明显的地形特征，分段导航朝着目标行进。分段导航时要注意以下几个点。

（1）尽量选择远处的目标，以减少行进中的偏差。

（2）在没有其它特征可供参照和校准的情境下，每次沿指北针方位行进的距离不要超过 450 米。

（3）如果使用基板式指北针，要以一定的频率核查指北针是否与地图上的磁北线平行。该频率取决于参赛者的技能水平和经验，一般每百米至少一次。

（二）指北针概略导航

指北针概略导航是指用指北针确定目标方位，并以该方位为基准将行进方向控制在向左或向右偏差一定幅度内快速行进的导航技术。

（三）指北针在导航中的作用与地位

对于指北针在定向运动中的作用与地位大致有两类观点。一是认为指北针与地图同等重要；二是认为指北针是辅助读图和导航的工具，在某些情境下指北针是重要的导航工具。这种观点的形成与参赛者的教师或教练员的观念和教育目标、参赛者自身的经验和技能发展水平密切相关。

就标定地图而言，在掌握对照读图、保持图地关联技能基础上，在行进中通过读图标定和保持地图标定比指北针更有效。这时，指北针的主要作用是核查地图标定的状态。

就导航而言，概略导航可以做到与指北针概略导航同样快，但指北针概略导航必须建立在概略读图的基础上；而精准导航比指北针精确导航更快也更准确。因此，在使用地图能够很好地进行导航时，不要使用指北针。当然，在重新定位和导航特征稀少、相似特征众多或通视不良等情境中，指北针具有特别重要的作用。指北针是辅助读图和导航的有效工具，定向时既要养成使用指北针来辅助读图和导航的习惯，又不能过于依赖指北针。

七、路线选择技术

路线选择技术是指在两个检查点间找出两条或多条路线并从中选择一条适宜路线作为行进线路的技术。这个过程包括路线寻找、路线比较和评估、路线决策三个环节。其中路线寻找是指在地图上找出两条或多条合理路线的技术或过程，主要有扶手、核对沿途特征、攻击点、偏向瞄准、拦截或捕捉技术，线路比较和评估主要有归一化技术。

（一）扶手

扶手是指寻找可以轻松、快速地沿着其行进的线状或类似线状特征，如道路、围墙、栅栏、溪流、冲沟、陡崖、植被边界线、电力线等作为路线的路线选择技术。从导航的角度来看，这些可以轻松、快速地沿着其导航行进的特征被形象地称为扶手。

（二）核对沿途特征或收集特征

核对沿途特征或收集特征是指寻找若干向目标方向延伸分布的地形特征作为路标的路线选择技术。从导航的角度来看，这些分布在路线上或其两侧可以用来导航行进特征称为沿途特征，核对沿途特征或收集特征就是提前记住沿选定线路或其两侧的一些沿途特征，包括有助于确定站立站、判断距离、重新定位的特征，以及变换扶手，变换读图和导航技术的特征，经过沿途特征时，利用拇指辅行核对或"收集"该特征，确认当前站立点。

（三）拦截或捕捉

拦截是指在检查点或目标以远寻找一个醒目的线状特征或有较大横

向跨度的地形特征，用来预防利用概略读图或指北针概略导航访问检查跑或目标时跑过或偏离检查点或目标太远的路线选择技术。从导航的角度来看，定向中如果偏离了航向，错过了检查点或目标后一定会被该类特征拦截或"捕捉"以避免进一步偏离航向，拦截或捕捉技术因此而得名。拦截或捕捉所用的特征称为拦截特征或捕捉性特征。拦截或捕捉技术是一种预防性的路线选择和导航技术。

（四）攻击点

攻击点技术是指当检查点的难度较大时，先在检查点附近找到一个能够快速且顺利到达的中间点，然后从该点出发寻找检查点的路线选择技术。从导航的角度来看，中间点是离检查点最近的能够快速且顺利到达检查点的地形特征，也是出发去寻找检查点的最佳方位，因而被称为攻击点。攻击点是一种简化检查点的路线选择技术。用检查点后方的特征作为攻击点会增加距离，但可以明显降低出错的概率。

（五）偏向瞄准

偏向瞄准是指运用指北针概略导航向位于与前进方向相交的线状特征上或其附近的目标行进时，有意瞄准目标一侧行进的路线选择技术。

由于指北针导航存在偏差，在以上情境中直接瞄准目标行进时会有很大的可能性到达目标的某一侧，而不是目标上。而且，具体在哪一侧往往不易确定。偏向瞄准能有效地解决这个问题。

八、路线执行技术

路线执行技战术是指沿选定线路安全、快速地访问检查点时应用的技战术，路线执行技术主要包括距离判断、打卡、重新定位等技术。

（一）距离判断技术

距离判断技术是指利用目测、步测、量尺、相对距离判断，以及经验法则对图上和实地距离进行测量、对比和评估的技术。距离判断的可靠性主要取决于经验的积累，受当时的环境，如地形、外界干扰和身心状态等的影响。

1. 实地距离测量技术

实地距离测量技术。实地距离测量技术主要指步测技术，包括复步测量、步测参数与地形校正系数三个部分。

2. 相对距离估计技术

相对距离估计是指根据图上特征在路段上的位置目测估计其相对于路段的距离或比例的技术。通过相对距离估计可以判断自己在路段上已经走了多远，应该看到或将要看到什么。如，路的交汇将某个路段分成长度相近的两个段落，前往路的交汇的半途有一块石块，经过石块再走相同距离就可到达交汇处。到达交汇处就完成了一半路段等。

（二）打卡技术

打卡技术是指从发现点标旗到打卡离开检查点这一过程的程序或步骤，主要包括核查检查点代码、打卡、离开检查点三个主要环节。良好的打卡技术不但可以避免打错点、节省时间、保持整个比赛过程的顺畅性，而且还可以减少被其他运动员干扰的可能性。

有经验的，甚至高水平运动员在复杂环境中或刚刚从失误中走出时宜采用初学者的打卡技术。

打卡在定向中具有承前启后的功能和作用。打卡意味着一个路段的圆满结束和一个新路段的开始。因此，打卡不仅仅是获取访问记录，而且具有总结和割断功能，在享受阶段性成功和对自己充满信心的同时，也要割弃其中隐含的负面情绪，重新开始。因此，应该利用打卡调节竞技状态。

（三）重新定位技术

重新定位是指在失去图地关联、丢失站立点后，重新确定站立点、建立图地关联的技术。重新定位技术通常包括停止移动（Stopping）、标定地图（Orienting）、寻找明显的地形特征（Finding）和在地图上找到该特征（Acquiring）四个依次进行的主要环节，缩写为"SOFA"。

第三章　定向运动路线设计技术

第一节　影响定向运动路线性能的主要因素

定向路线的性能要素是指影响路线性能或质量的要素，主要包括路线长度、爬高、技术难度、有效完成时间和总体走向，路段间长度、方向和技术难度的变化频率和幅度，以及低效和无效路段长度比等。

一、路线长度、爬高与校正路线长度

路线长度指最佳线路长度，爬高指沿最佳线路产生的爬高。爬高可以按 10 倍爬高近似地转换为路线长度。这样，可以定义校正路线长度：

校正路线长度＝路线长度+爬高×10

校正路线长度是决定定向路线体能难度的主要因素，其他两个因素是定向环境的地表状况和天气状况。

二、有效完成时间

路线的有效完成时间不但取决于校正路线长度、参与者运动能力、定向环境的地表状况和天气，还取决于技术难度及技术难度与参与者定向技能水平的匹配水平。

三、路线的技术难度及其在路段间的变化

路线的技术难度可以定义为由路线的功能单位——路段的技术难度

决定的技术难度。因此，路线的技术难度涉及到三个路段指标：路段最高难度、路段平均难度、路段总难度。

路段的技术难度是指路段向参与者提出的定向技能挑战的难度，或者说完成该路段需要运用的技能及其水平。要注意的是，路段难度通常并不是孤立的路段指标，而是路段间相互影响、相互作用的共同结果。如路段间的方向和长度变化的幅度，路段间形成的小交叉环都影响路段的难度。

路段的技术难度与定向环境密切相关。对参与者，一些在不太熟悉或陌生环境中难度较高定向的技能，在熟悉的环境会变得相当简单。因此，应该按环境分类建立路段的技术难度标准。

路段间难度的变化也是路线设计需要考虑的一个性能指标。定向路线通常应该从一到两个简单的路段开始，在帮助参与者建立起自信后再提高路段的难度。在连续几个高难度路段后要有一到两个低难度路段。最后的一两个路段也应该是简单的路段。

四、路段间长度与方向的变化

路段间长度和方向要富有变化，路线中可以有交叉环。单调的路线会降低参与者的定向兴趣，具有节奏感和韵律感的路段间长度和方向变化，能让参与者产生节奏感和韵律感。路段间方向和长度变化的节奏和幅度越高，路段难度就越大（图3-1）。

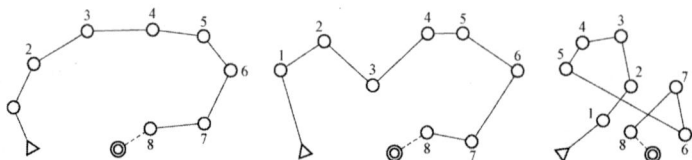

图3-1　路段长度和方向变化的节奏和韵律与路线的美感和趣味性示意图

（左：单调无趣的路线；中和右：富有节奏、韵律和美感的有趣路线）

另外，要特别注意的是，路线中要尽量避免进入检查点和离开任务点方向相向的路段，或同场活动中在不同的路线间出现任务点相同但方向相向的路段（图3-2）。

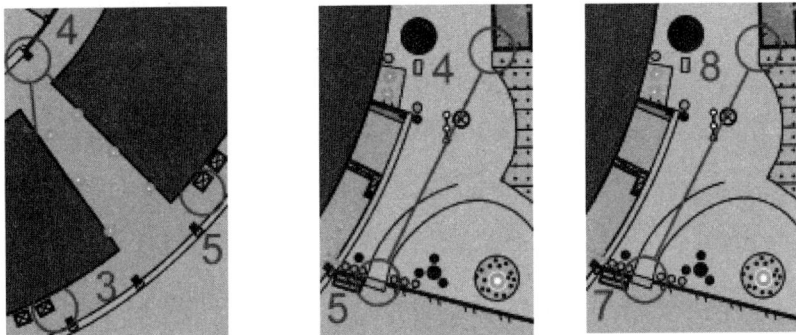

图 3-2　相向路段示意图

（左图：进入检查点和离开任务点方向相向路段；

右图：同场活动中不同的路线间相向路段）

五、低效和无效路段长度比

低效和无效路段是指不能提供定向技能挑战的路段。低效和无效路段长度比是指路线中低效和无效路段的长度所占路线长度的比例。其占比越低，路线的质量越高。

辅助路段属于低效路段，在路线中要尽量少使用，而且要尽量使用短路段。

50/50路段是另一种常见的低效路段。在定向中50/50路段是指提供两条长度几乎相同的线路的路线选择路段，包括实际上几乎相同和实际上不同，但看上去几乎相同的路段（图3-3）。

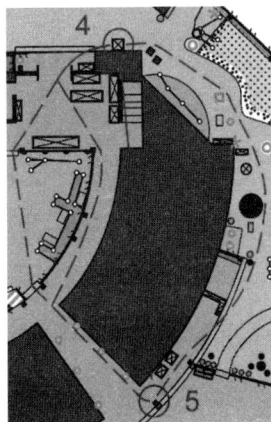

图 3-3　50/50 路段示意图

第二节 定向运动路段难度分级方案

一、不太熟悉和陌生环境中定向路线技术难度的分级

（一）定义定向路线难度的指标

路线难度由路段难度定义。可以用来定义路线或活动难度的技术指标主要有三个：路线中难度最高的路段的难度（简称"路段最高难度"）、路线中路段难度的平均值（简称"路段平均难度"）和路线中所有路段难度之和（简称"路段总难度"）。

国际上对不同环境中或者说不同项目的路线的技术难度采用不同的指标定义。郊野定向，包括中距离、长距离，路段最高难度是影响路线完成绩效的关键限制性要素，因此，路线难度用路段最高难度定义；城镇定向，包括短距离和超短距离，路段总难度是影响路线完成绩效的关键限制性要素，因此，路线难度用路线总难度定义。

（二）路段难度的分级及其关键分级特征

根据第二章中基于技能难度的定向技能分类表（详见表2-2），基于多年实践，我们编制了一个不太熟悉和陌生的环境中路段难度的五级分类方案，并确定了各级路段的关键分级特征作为路段设计的操作依据如表3-1所示。

表3-1 不太熟悉和陌生的环境中路段难度分级关键特征表

难度	路段难度分级的关键特征
1	沿明显的单一扶手定向，任务点位于决策点上或单一扶手中（扶手）
2	沿明显的扶手定向，途经1个明显的决策点（识别和使用明显的决策点。明显的决策点指点改变方向发生在明显的扶手之间或由明显扶手向更明显的扶手变换之间，如大路转大路、小路转大路等）
3	沿明显的扶手定向，途经1个决策点（识别和使用决策点）；离开扶手定向到扶手近旁的明显特征再回到原来的扶手（离开扶手定向）；或在两条长度差别明显的单一扶手间定向（基于距离比较的简单路线选择）

难度	路段难度分级的关键特征
4	沿明显的扶手定向，途经 2 个明显的决策点（识别和使用明显的决策点）； 以扶手上的明显特征作为攻击点定向（攻击点）； 或在两条长度差别不太明显的单一扶手间定向（基于距离比较的简单路线选择）
5	沿明显的扶手定向，途经 2 个决策点（识别和使用决策点）； 离开决策点定向到扶手近旁的明显特征，再沿扶手继续定向（离开扶手定向）； 以扶手近旁的明显特征作为攻击点定向（攻击点）； 在长度差别不太明显的单一扶手和扶手间定向（基于距离比较的复杂路线选择）； 在两条长度差别明显的扶手间定向（基于距离比较的复杂路线选择）； 或利用明显的特征走捷径通过扶手的拐角

（三）路段难度分级关键特征示例

1. 难度 1 路段的关键分级特征示例

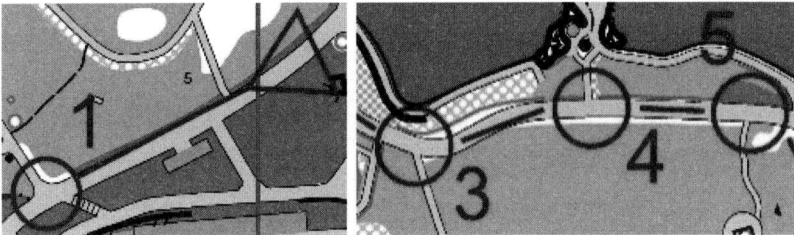

图 3-4　难度 1 路段的关键分级特征示例

（左：沿明显的单一扶手定向；右：任务点 4 位于单一扶手中）

2. 难度 2 路段的关键分级特征示例

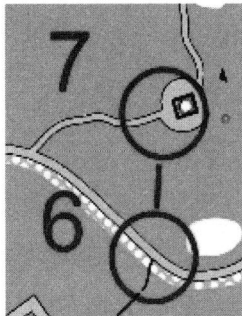

图 3-5　难度 2 路段的关键分级特征示例

（沿明显扶手途经 1 个明显决策点定向）

3. 难度 3 路段的关键分级特征示例

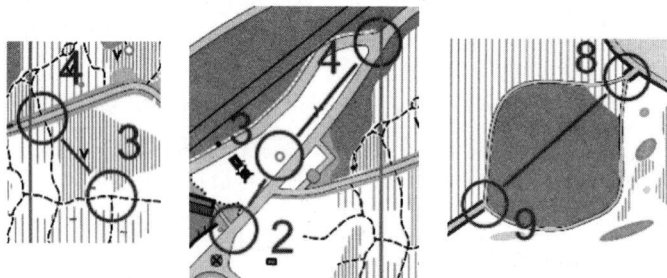

图 3-6　难度 3 路段的关键分级特征示例

（左：沿明显扶手途经 1 个决策点；中：离开扶手到近旁的明显特征再回到原来的扶手；右：在两条长度差别明显的单一扶手间定向）

4. 难度 4 路段的关键分级特征示例

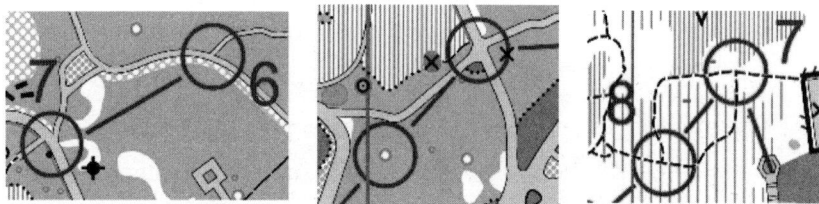

图 3-7　难度 4 路段的关键分级特征示例

（左：沿明显扶手途经 2 个明显决策点；中：以扶手上的明显特征作为攻击点；右：在两条长度差别不太明显的单一扶手间定向）

5. 难度 5 路段的关键分级特征示例

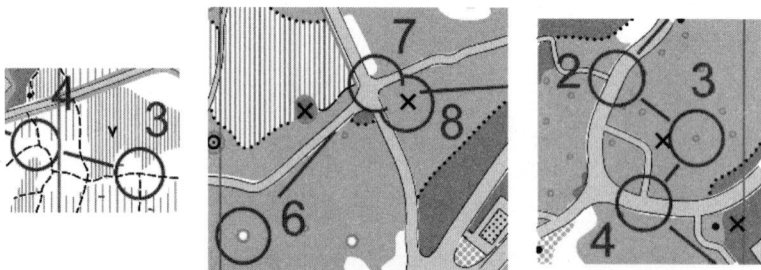

图 3-8　难度 5 路段的关键分级特征示例一

（左：沿明显扶手途经 2 个决策点；中：离开决策点到近旁的明显特征再回到原来的扶手；右：以扶手近旁的明显特征作为攻击点）

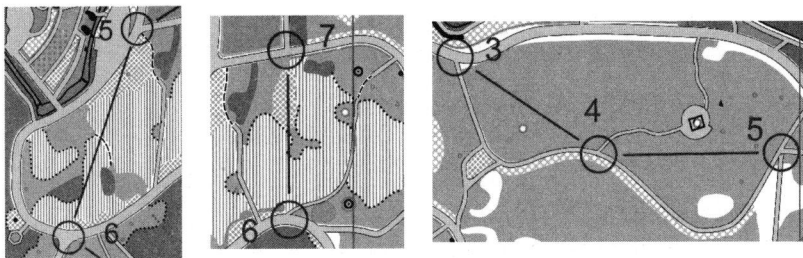

图 3-9 难度 5 路段的关键分级特征示例二

（左：在长度差别不太明显的单一扶手和扶手间定向；中：在长度差别明显的扶手间定向；右：利用明显的特征走捷径通过扶手的拐角）

二、参与者熟悉环境和新态势环境中路线难度的分级

（一）定义定向路线难度的指标

在熟悉的环境中，定向路线技术难度的定义采用路段最高难度和累计难度共同来确定，在达到基本难度基准的基础上，累积难度越大，难度越大。

（二）路段难度的分级及其关键分级特征

根据第二章中基于技能难度的定向技能分类表（详见 2-2），基于多年实践，我们编制了一个熟悉环境和新态势环境中路段难度的五级分类方案，并确定了各级路段的关键分级特征作为路段设计的操作依据，如表 3-2 所示。

表 3-2 熟悉环境和新态势环境中路段难度分级关键特征表

难度	路段难度分级的关键特征
0	从起点出发，沿箭头指引到达任务点打卡，最后返回终点（打卡并核对代码）
1	沿没有大幅度方向变化的路段或顺向锐角路段定向＊（给地图找方向）
2	沿短路段-顺向锐角路段定向＊（给地图找方向） 沿反向锐角路段定向＊（给地图找方向） 沿途经 1 个决策点的线路定向（识别和运用决策点） 或在两条长度差别明显的简单线路间定向（基于距离比较的简单路线选择）
3	沿短路段-反向锐角路段定向＊（给地图找方向） 沿途经 2 个决策点的线路定向（识别和运用决策点） 在两条长度差别不太明显的简单线路间定向（基于距离比较的简单路线选择） 或用攻击点定向

难度	路段难度分级的关键特征
4	沿顺向小交叉环定向＊＊（给地图找方向） 沿途经 3 个的决策点的线路定向（识别和运用决策点） 或在两条长度差别明显的复杂线路间定向（基于距离比较的复杂路线选择）
5	沿反向小交叉环定向＊＊（给地图找方向） 在三条长度差别明显的线路间定向（基于距离比较的复杂路线选择） 或在两条长度差别不太明显的复杂线路间定向（基于距离比较的复杂路线选择）

＊：锐角路段指与上一个路段的方向呈锐角的路段；如果该路段的走向与前两个路段相同，则称顺向锐角路段，如果相反则称反向锐角路段；如果一个短路段后紧接着一个顺向或反向锐角路段，则称短路段-顺向或反射锐角路段；

＊＊：小交叉环指路线中由 3-4 个路段构成的有路段交叉的小环，如果环的走向与前两个路段相同，则称顺向小交叉环，如果相反则称反向小交叉环，其中与其它路段交叉的路段称交叉路段。交叉路段的难度分级由小交叉环定义。

（三）路段难度分级关键特征示例

1. 难度 1 路段的关键分级特征示例

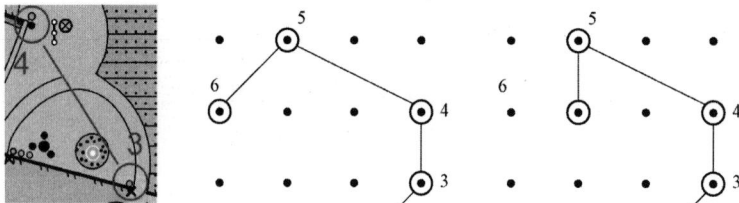

图 3-10　难度 1 路段的关键分级特征示例

（左和中：沿没有大幅度方向变化的路段定向；右：沿顺向锐角路段定向）

2. 难度 2 路段的关键分级特征示例

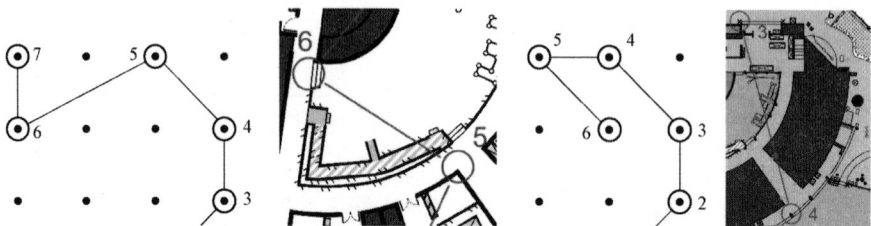

图 3-11　难度 2 路段的关键分级特征示例

（左：沿短路段-顺向锐角路段定向；中：沿反向锐角路段定向；右：在两条长度差别明显的简单线路间定向）

3. 难度 3 路段的关键分级特征示例

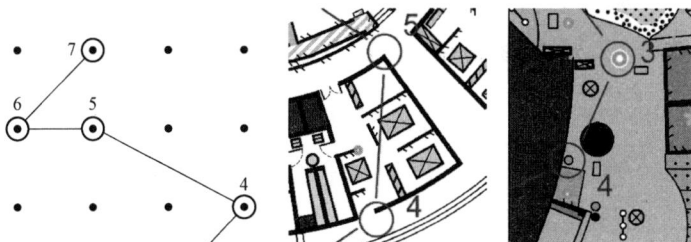

图 3-12　难度 3 路段的关键分级特征示例

（左：沿短路段-反向锐角路段定向；中：在两条长度差别不太明显的简单线路间定向；右：用攻击点定向）

4. 难度 4 路段的关键分级特征示例

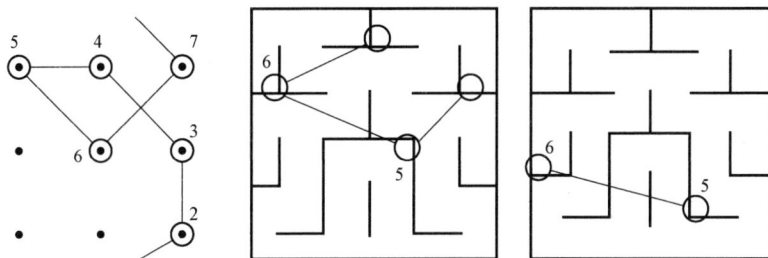

图 3-13　难度 4 路段的关键分级特征示例

（左：沿顺向小交叉环定向；中：沿途经 3 个的决策点的线路定向；右：在两条长度差别明显的复杂线路间定向）

5. 难度 5 路段的关键分级特征示例

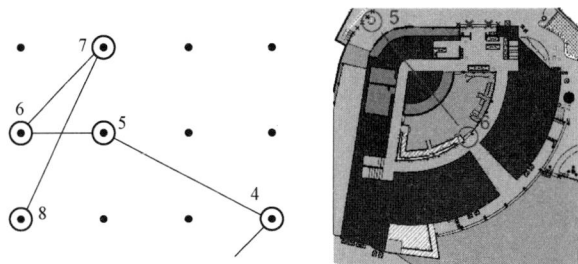

图 3-14　难度 5 路段的关键分级特征示例

（左：沿反向小交叉环定向，在三条长度差别明显的线路间定向；右：在两条长度差别不太明显的复杂线路间定向）

第三节 定向运动路线质量评价

定向运动路线质量评价应该从以下活动（赛事）规格和目的、路线性质指标、参与者价值体验，以及路线设计和设置质量四个方面进行评价。

一、活动（赛事）规格和目的

活动（赛事）规格和目的规定了定向运动路线的规格。定向运动路线的规格比较与活动（赛事）规格相一致。

二、路线性能指标

路线的性能指标是否与项目规格、参与者特征相一致。

三、参与者价值体验

参与者价值体验是路线质量的最重要指标。

四、路线设计和设计质量

路线设计和设计质量主要是指路线的清晰易读性和准确性，检查点设计的准确性和适宜性。

第四章　国际定联定向运动路线设计原则和指南解读

第一节　定向运动路线设计原则

一、导言

（一）目的

制定路线设计原则的目的是，为定向竞赛的路线设计确定一个共同的标准，以确保竞赛的公平和维护定向的独特性。

（二）原则的应用

所有竞技性定向比赛的路线设计都必须遵循本原则。本原则也应该作为其他竞赛性定向赛事路线设计的指南。

二、基本原则

（一）定向运动的定义

定向运动是一项参赛者在尽可能短的时间内，借助地图和指南针到达地面上的一些检查点运动，可用奔跑中导航来刻画

（二）路线设计的目标

路线设计的目标是，正确预期运动员的能力，为运动员提供符合他

们的能力的路线，以确保比赛结果反映运动员的技能和体能水平。

（三）路线设计金规

路线设计者必须牢记以下原则。

1. 独特性

每一项运动都有其自身的特性。定向的独特性是，在尽可能短的时间内找出并沿着最佳线路通过未知的场地（地形）。这一过程需要准确读图、路线选择与评估、指北针操作、在压力下集中、快速决策、在自然环境中奔跑等定向技能。

2. 公平竞赛

公平竞赛是竞技体育的基本要求。路线设计和设置的每一步都应该非常谨慎，否则运气可能轻易地成为比赛的重要因素。路线设计员必须考虑所有的这类因素，让所有运动员在路线的每一部分都面临相同的竞赛条件，确保公平竞赛。

3. 让运动员享受比赛

只有为运动员提供满意的路线才能促进定向的普及和发展。因此，为确保路线的长度、体能要求、技术难度、检查点位置选择等的适宜性，必须有详细的路线设计计划。尤为重要的是，让每条路线都适合将使用它的运动员。

4. 保护野生动植物与环境

环境对定向是敏感的，野生动植物可能受到惊扰，土地和植被可能被过度使用。环境也包括比赛场地内的居民、围墙、栅栏、耕地、房屋及其他建筑等。

一般情况下都可能找到让大多数敏感区免受干扰的无损方法。经验和研究已经证实，只要采取正确的预防措施和适当的路线设计，即使大型赛事也能在环境敏感区举行且不会对环境造成永久性破坏。

特别重要的是，路线设计者要保证已获得所选场地的使用权，场地中所有敏感区已被预先发现。

5. 满足媒体与观众的需要

展现定向的良好形象是路线设计员永恒的目标。在不影响公平竞赛的前提下，路线设计员应尽可能为媒体和观众提供近距离接触比赛的机会。

三、定向路线

（一）场地（地形）

为了向所有运动员提供公平的比赛，必须对场地进行选择。从维护定向的独特性出发，比赛场地应该是可跑的且适合检验运动员的定向技能。

（二）路线的定义

路线由起点、检查点和终点定义。这些点在场地中和相应的地图上都有准确的位置，两个点之间是运动员必须定向的路段。

（三）起点

起点区域的位置和组织应该符合以下要求：

（1）有一个热身区。

（2）等待出发的运动员不能看到已经出发的运动员的路线选择。

起点是定向比赛第一个路段的开始点，在地图上用等边三角形起点符号标明，在实地中用其旁无打卡装置的点标旗标示。

运动员应该从起点一开始就要面临定向问题。

（四）路段

1. 好路段

路段是路线最重要的元素，在很大程度上决定了路线的质量。

好路段向运动员提出有趣的读图问题，引导他们选择各自的线路通过好场地。

同一条路线应提供不同类型的路段，一些强调读图，一些包含更多的易奔跑的路线选择。同一条路线中也应该有路段长度和难度的变化，以迫使运动员运用各种定向技术和跑速。路线设计员还应尽量为前后相连的路段安排方向变化，迫使运动员不断地定向。

对一条路线而言，最好是有几个由短路段连接起来的好路段，短路段用来提升好路段的质量（通过为好路段提供好的起终点来实现），而不是由大量缺少变化的低质量的路段组成的路线。

2. 路段的公平性

在竞赛条件下，所有路段的路线选择都不能包含任何在地图上无法预见的优势或劣势。

应该避免鼓励运动员穿越禁区和危险区的路段。

（五）检查点

1. 检查点位置

检查点设置在场地中地图上标示的特征处。如指定了到访顺序，运动员必须按规定顺序，沿自己选择的线路到访检查点。要仔细设计与检查检查点位置以确保竞赛的公平性。

尤为重要的是，地图准确地描述了检查点附近的特征和从任何可能的角度接近检查点的方向与距离性。

检查点不得设置在那些只能在近处才能看得见的小特征上，除非地图上有其他辅助特征，检查点不得设置在不能通过地图或检查点说明预期其点标旗的可见性的位置，运动员会从不同方向跑向检查点。

2. 检查点的功能

检查点的主要功能是，标记一个路段的开始和结束。

有时检查点具有其他的特别的目的，如用来汇集并引导运动员绕过危险区或禁区。

检查点也能用作饮水站、媒体报道点和观赏点。

3. 点标旗

检查点器材必须符合规则的规定。

点标旗应尽可能这样设置：运动员一到达所描述的检查点特征及方位就能立刻看它。为公平起见，无论是否有运动员在检查点位置，检查点的可见性应该相同。决不能隐藏点标旗，让运动员到达检查点位置后搜寻它。

4. 检查点位置的公平性

应仔细选择检查点位置，特别是应该避免"尾随效应"——正在离开检查点的运动员可能引导后面的运动员进入检查点。

5. 邻近的检查点

不同路线间的检查点靠得太近可能误导那些正在向检查点正确导航前进的运动员。按规则在 30 米内不能有两个检查点。对于短距离定向，该距离可以缩小。对于比例尺为 1∶4000 或 1∶3000 的地图，最小跑距为 25 米，最小直线距离为 15 米。只有当检查点特征在场地中和地图上都明显不同时，检查点才可以放在 60 米以内（对于 1∶4000 或 1∶3000 的地图比例尺，距离为 30 米）。检查点的距离以直线测量。

6. 检查点说明

地图上检查点与检查点特征间的位置关系用检查点说明定义。

实地中的检查点特征和其标示在地图上的点必须准确无误。不能用检查点说明清晰且轻松定义的检查点通常是不适宜的，宜避免。

（六）终点

通往终点的路线至少最后一部分应该是一段有标记的必经路线。

（七）读图要素

一条好的路线迫使运动员在整个比赛中都集中于导航。除非可提供特别好的路线选择，宜避免导航时无读图或注意力要求的路段。

（八）路线选择

路线的选择性迫使运动员利用地图评估场地/地形并从中作出决定。路线选择使运动员独立思考，并分散到比赛场地中，从而减少跟跑。

（九）难度

对于任何场地/地形和地图，路线设计员都能设计出难度跨度很大的路线。通过让路段或多或少的沿着线状特征可改变路段的难度。

运动员应能根据地图上的可用信息估计接近检查点的难度，选择适宜的技术。

应关注对运动员技能、经验和对地图细节的阅读和理解能力的预测。为初学者和儿童设计路线时，难度适当尤为重要。

（十）比赛类型

路线设计必须认真考虑各项目的具体要求。例如：为短距离和中距离比赛设计的路线必须要求在整个路线上始终仔细读图和高度集中。为接力赛设计的路线应考虑观众的需要，让他们与比赛保持亲密的接触。接力赛的路线设计应该构成一个良好且能满足需要的分叉和分段系统。

（十一）路线设计员的目标

1. 熟悉比赛场地/地形

在计划使用任何检查点和路段之前，路线设计者应充分熟悉比赛场地/地形。

路线设计员应意识到，比赛当天的地图和场地/地形状况可能与路线设计时有所不同。

2. 提供难度适宜的路线

路线设计者很容易将初学者和儿童的路线设计得过难。路线设计者应注意，不能仅根据自己的导航技能或在现场勘察时的行走速度估计路线难度。

3. 选用公平的检查点位置

设计尽可能好的路段的愿望常常让路线设计员选用不适宜的检查点位置。

比赛中，运动员几乎不会注意到好路段和极佳段间的任何区别，但是，他们会立即注意到由于检查点位置或点标旗的隐秘，检查点位置不明确，以及误导性的检查点说明等导致的意外的时间损失。

4. 保持足够的检查点距离

即使有数字代码，检查点之间也不应靠得太近，以免误导正在正确导航向自己线路上的检查点位置行进的运动员。

5. 避免过于复杂的路线选择

路线设计者可以看到从来不会被运动员选用的线路，它们构成的问题十分复杂，可能浪费时间。反之，运动员可能选用"次好"的线路来节省计划线路的时间。

6. 避免对体能有过多的要求

一般健康状况的运动员应该能跑完按他们的能力水平设置的路线的大部分。

通常情况下，一条路线的总爬高量不应（不宜）超过最短合理路线的长度的4%。

在大师组中，路线的体能难度应该（宜）随着选手年龄的增长而逐渐降低。特别要注意的是，M70 及以上班和 W65 及以上组别的路线对体能不能有太高的要求。

四、路线设计员

路线设计员必须通过自身的经验增进对高质量路线的理解和欣赏。他们必须熟悉路线设计理论，充分领会各组别和各比赛项目的特殊要求，路线设计员必须能现场评估可能影响比赛的各种因素。如，场地/

地形条件、地图质量、出席的参赛者和观众等。

路线设计员对路线和从起点到终点线之间的比赛过程负责。这中间存在大量的可能导致失误的条件，它们可能导致严重的后果。因此，路线设计员的工作必须接受技术代表和/或其助理的审核。

第二节　高水平郊野外定向赛事路线设计指南

一、郊野竞技性定向项目规格

在郊野环境中举行的高水平竞技性定向项目主要有中距离、长距离和接力赛三个项目，它们的技术规格如下。

表4-1　郊野环境中竞技性定向项目的规格

指标	中距离	长距离	接力赛
检查点	始终保持技术难度	混合的技术难度	混合的技术难度
路线选择	中、小范围的路线选择	明显的路线选择，包括一些大范围的路线选择	中、小范围的路线选择
跑的形式	高速，但需要运动员根据复杂的地形调整速度	体能要求高，需要耐力和速度判断	高速，经常接近其他运动员，他们可能要，也可能不要访问相同的检查点
地形	技术复杂的地形	艰难的地形，有良好的路线选择可能性	一些路线选择的可能性和适度复杂的地形
地图	1：10000	1：15000	1：10000

二、中距离定向路线设计

（一）中距离定向的特点

中距离的特征是技术。中距离在郊野环境中进行，强调详细的导航，找到检查点是一种挑战。要求运动员持续专注于读图，离开检查点时偶尔会改变方向。路线的选择是必要的要素，但不应以牺牲定向的技术要求为代价。线路本身就有导航要求。路线应该需要变速，例如要穿过不同植被的路段。

（二）中距离路线设计的主要考虑

1. 观赏性

中距离路线设计应该允许观众在比赛期间的路线和比赛结束时观看运动员。起点应在竞赛中心，路线最好能让运动员在比赛期间通过竞赛中心。对于竞赛中心的选择的需求也随之增加，既要提供合适的地形，也要提供让观众能够看到运动员的可能性。除经过竞赛中心的那部分路线（包括竞赛中心的检查点），观众不得沿路线观看。

2. 核心要求

（1）运动员从一开始就被迫要求看地图。

（2）不同的路段组合，有节奏的变化。

（3）决定性的点是路线的后面部分，这时身体压力开始发挥作用。

（4）决定性的点靠近竞赛中心，观众和广播（宣告）增加压力。

（5）运动员必须在整个比赛过程中保持高度警觉/机敏，专注于导航。

3. 挑战要求

设计符合这些特点的路线意味着路线设计者应该确定定向困难的多细节区域和适合具有挑战性的路线选择的区域。在中距离比赛中，即使已经做出了路线选择，执行路线选择仍然具有挑战性。作为一般规则，在中距离比赛中，每个检查点都应该有一个角度，迫使运动员在每个检查点改变方向。当在细节非常多的区域中选择路线时，应该注意不要让路段太短，以至于一个检查点成为下一个检查点的攻击点。

三、长距离定向路线设计

（一）长距离定向的特点

长距离的概况是耐力。比赛在非城市（主要是森林）环境中进行，目的是测试运动员在长时间且有体能要求的运动中做出有效路线选择、阅读和转换地图，以及为耐力设计比赛（体能，耐力分配计划）的能力。这种形式强调在崎岖、苛刻的地形（最好是丘陵地带）中选择路线和导航。检查点是一条长路段的终点，这一长路段的路线选择要求很高，检查点本身并不一定很难找到。长距离赛的一部分可以包含中距离的要素：突然打破路线选择的模式，引入带有更高技术要求的路段的片段。

（二）长距离路线设计的主要考虑

1. 观赏性

路线设计应该允许观众在比赛过程中和比赛结束时看到运动员。最理想的是，起点应该在竞赛中心，并且路线应该让选手在比赛期间通过竞赛中心。

2. 核心要求

（1）体力上的要求。需要耐力和速度判断。

（2）多因素且果断的路线选择路段要求：全神贯注并全身心投入到决策中。

（3）以某种方式分散（或避免形成）小组性群聚。

（4）最好没有从起点开始的决定性路线选择路段。在开始阶段避免短的技术检查点/路段，以避免群聚。

（5）检查点清晰可读。技能水平上的决定性点放在路线后面部分，这时体能要素更重要。

（6）水站的设计。水站的设置将影响路线选择设计符合这些特点的路线意味着路线设计员应该确定定向困难的多细节区域，以及适合非常长和有挑战性的路线选择区域。长距离赛的路线选择段可能非常长，理想情况下，即使已经做出了路线选择，执行起来仍然具有挑战性。为了迫使运动员改变技术（也可能是为了成为电视转播内容），在路线选择路段后有几个缩短的路段是一种很好的实践。在长距离路线，细节非常多的区域应该避免。

3. 长路段

长距离比赛的一个特殊元素是长路段，它比平均路段长得多。这些长路段的距离为 1.5~3.5 公里，具体取决于地形类型。两个或更多这样的长路段应该成为路线的一部分（仍然需要在选择的路线上完全集中注意力阅读地图）。为了使比赛更有挑战性，长路段应该比直行或绕行更复杂一些，如果在主要路线中还有一些微路线可供选择就更好了。一个好的路线有以下主要特点：

（1）提供几个（明显）不同的选择。

（2）最佳路线的选择可能在第一眼看上去并不明显。

（3）同一路线选择路段上，不同线路的运动员应该看不到彼此。

（4）同一路线选择路段上，不同线路的用时差异应该足够大（好的选择和执行应该得到奖励）最容易执行的路径选择通常不是最快的。

（5）定向赛中，仍然需要在最快的路线上进行挑战（快速路线的选择不应该仅仅是道路的选择）。

4. 分散运动员

长距离的另一个素是使用路线设计技术来将聚集成组的运动员分散。蝶形环就是这样一种技术。地形本身应该作为一种分散方法，即让路线穿过通视性有限的区域。除经过竞赛中心的部分（包括竞赛中心的检查点装置）外，观众不得沿路段观看。

phi-loops（蝴蝶）环提供了一种分散运动员的替代技术。带有锐角度的蝶形可能会让运动员更容易看到其他运动员，因此这些运动员会加速，这样就不太值得作为一种分散方法。有些蝶形路线甚至会让接近检查点中心的运动员看到离开运动员。而且，与蝶形路线相比，phi 环的锐角度问题更少。在某些情况下，phi-loops 的后面是一个短路段而不是长路段，而且森林中的能见度很好。蝶形后接短路段，增加了相同运动员再聚组的机会。理想情况下，你应该在分散路段（phi-loops）后直接使用长路段，如果可能的话，在蝶形路段后直接的长路段的开始部分的通视性应该低，这样可以帮助他们不那么明显地离开 phi-loops 环，从而预止跟随者追上。

phi-loops 太小的不会分散运动员，只会限制路线设计，这可能会再次导致更多的聚焦，因为长路段少，蝶形路段什么也得不到。

phi-loops 环并不总是在最困难的地形中应用。导航能力弱的运动员往往会在蝶形环中提高速度，以赶上前面跑得更好的人。在复杂的地形中，他们在分散方法中犯错的风险也随之增加。此外，在低通视度区域应用分散方法是一个优势。

在某些情况下，路线一开始就是一个带技术检查点的短路段，这增加了聚组的机会——接着是一个长路段。长的路线选择路段通常可以让优秀运动员摆脱跟随者，但如果地形的能见度很好，反过来也是正确的。一条路线可从短路段开始（为了让运动员在长路段之前熟悉地图和地形），然后是长路段，以避免在比赛早期形成聚焦。

对于长距离来说，良好的地形具有让运动员失去彼此目光接触的特征（如浓密的植被，大量山丘/洼地等）。连续的良好能见度地形对于高水平的长距离比赛来说并不理想。地形本身应该作为一种分散方法。

通过让路线经过能见度有限的地区，特别是在更困难的地形中，在那里更熟练的运动员可能会从潜在的追随者中消失。除经过竞赛中心的部分（包括检查点装置）外，观众不得沿路线观看。

长距离赛选择的地形在避免群聚小组的形成方面并不总是最佳的。为了达到最佳的分散效果，长路段上应该有明显不同的选择。然而，这也常常取决于地形，在为高水平的 IOF 长距离赛选择地形时，这应该被考虑在内。

应该避免路段很长，但没有任何路线选择，以及路段穿过有趣的区域，但没有任何检查点的情况。

四、接力定向路线设计

（一）接力定向的特点

接力是一项团队比赛。它发生在一个非城市（主要是森林）环境中。该格式建立在技术需求的概念上，相较于长距离，与中距离的概念更类似。长距离比赛的一些要素，比如更长的选择路线路段应该出现，这样就可以让运动员在没有接触的情况下互相超车。良好的接力赛地形具有让运动员失去视线接触的特征（如密集的植被，许多山丘/洼地等）。具有连续良好能见度的地形则不适合接力赛。接力赛中，重点应该是路线的选择，多变的地形，多样化的定向技术，特别是对观众的吸引力。

（二）接力定向路线设计的主要考虑

1. 观赏性

接力赛是一个观众友好的活动，提供了一个团队之间面对面的竞争，第一个完成者是获胜者。竞赛中心布局和路线设计必须考虑到这一点（例如，当使用分叉时，替代方案之间的时间差应该很小）。每个赛段，运动员应该通过竞赛中心，如果可能的话，从竞赛中心应该可看到接近最后一个检查点的运动员。应该提供适当数量的途中时间（可能有评论员在森林中）（以及在竞技中心屏幕上显示的 TV 检查点）。

2. 分散技术

集体出发需要一种将运动员分开的路线设计技术（例如分岔）。最好的团队应该被谨慎地分配到不同的分叉组合中。为了公平起见，最后一段的最后部分对所有的运动员都是一样的。除经过竞赛中心的部分（包括竞赛中心的检查点装置）外，观众不得沿路线进入竞赛区。

（三）良分叉赛段的主要特点

（1）分叉的引入是为了迫使运动员跑自己的定向路线，而不是仅仅跟随前面的运动员。

（2）如果可能的话，在分叉中应该有一些令人惊讶的元素（分岔中不只是一个检查点）。

（3）对于能力相同的运动员来说，不同的分叉必须是同样快的最理想的不同的分岔有不同的最佳路径选择。

（4）实践表明，对于 WOC 接力赛来说，每个赛段 3~5 个分岔是最理想的分叉应该为观众所理解。出于公平的原因，在最后一段的最后部分（头对头的比赛）没有分岔。

第三节　高水平赛城镇定向赛事路线设计指南

一、竞技性短距离相关项目规格

竞技性短距离相关项目主要有短距离、短距离接力和淘汰赛三个项目，它们具有共同的技术规格。

（一）检查点

技术上容易。

（二）路线选择

难，要求高度集中。

（三）跑的形式

非常高的速度。

（四）地形/场地

主要是在非常适合奔跑的公园或城市（街道/建筑）地形。一些可快跑的森林可以包括在内。观众可以沿途观看。

（五）地图

1∶4000 和 1∶3000。

二、短距离路线设计

（一）短距离定向的特点

短距离的特点是高速。它测试运动员在复杂环境下对地图的阅读和转换能力，以及在高速奔跑中计划和执行路线选择的能力。路线必须经过规划，以便在整个比赛中速度要素得以体现。该路线可能需要爬坡，但应避免迫使运动员步行的陡度。挑战来自选择并完成最佳路线的能力，而不是找到检查点。路线的设置应该要求运动员在整个比赛过程中都全神贯注。一种不能提供这种挑战的环境是不适合短距离定向的。

（二）短距离路线设计的主要考虑

1. 观赏性

观众可以沿着路线观看。路线设计应考虑到这一点，所有的检查点都必须有人管理。在关键通道设置裁判员，以提醒接近运动员的观众，并确保运动员不受阻碍也可能是必要的。

起点应该设在竞赛中心，观赏的位置可沿比赛路线设置。可以通过建造临时看台和配备一名场内（路线上）播音员来提高观赏价值。观赏位置和媒体/摄影师位置均应在竞赛中心公布。

2. 核心要求

（1）要求运动员在整个比赛过程中都要全神贯注。

（2）高速奔跑中选择和执行路线。

（3）公平和安全。

这意味着短距离定向比赛必须尽量减少不能提供任何重要的路线选择的路段和所有的运动员都采用相同路线的路段。地形必须支持运动员高速奔跑。路线必须避免诱导运动员走捷径通过私属区域和其他禁区，应避开使人怀疑运动员能否高速解读地图的复杂区域，例如，存在复杂的三维结构的区域。必须避免有允许运动员在两个检查点之间走直线的路段的地形。地形应该包括至少一个提供具有挑战性的路线选择和良好的可跑的复杂的城市区域。不应该有任何可跑性差的长路段。

3. 路线长度

在短距离定向中，路线长度必须按从起点经由检查点到终点的直线长度给出，只有针对体能上不能通过的障碍物（建筑物、高栅栏、湖泊、不能通过的悬崖等）、禁区和有标记的路线才能偏离。

要注意的是，由于许多短距离/城市比赛是在坚硬的地面（包括短草地）上举行的，无论用什么的区域，最好的跑步者达到的跑速非常相似。对过去结果的分析表明，当路线长度由 IOF 规则测量并经高度爬升（100 米爬升相当于 1 公里距离）修正后，最佳男子选手的平均速度为 3.5 分钟/公里（女子为 4.1 分钟/公里）。这意味着，要获得男子 14 分钟的胜出时间，（修正后的）赛道长度是 14/3.5 ＝4.0 公里。实际上，根据地形的复杂性，这可能需要稍作上下调整。

三、短距离接力赛路线设计

（一）短距离接力赛的特点

短距离接力赛是一项男女混合的高速齐头并进的直接竞争。它发生在城市和公园的环境中。是短距离和接力的结合，有四个赛段，第一个赛段和最后一个赛段必须由女子运动员跑。

（二）观赏性

观赏性是短距离接力赛路线要重点考虑的问题。比赛项目应该让观众容易理解。电视摄像机应该可以覆盖至少 70%～80% 的路线。比赛应基于 75 分钟的现场直播和竞赛中心制作/生产的概念，15 分钟用于介绍、采访和颁奖典礼。

如果可能的话，在不太影响竞赛中心质量的情况下，应该使用竞技场的通道。当路线上有全面的电视报道时，竞技场通道可能并不总是需要的。这也为路线设计提供了更大的灵活性，并可能产生更好和更有挑战性的路线。如果使用了竞技场通道，每个赛段应该采用双环设计。路线要有分岔。要考虑 GPS 跟踪和非接触式打孔系统。

第五章 定向运动路线设计实践一

第一节 色阶赛事路线设计

"色级代码"路线是一套在国际上，特别是国际上定向运动发达国家广泛采用的定向运动路线体系。近年来，我国一些较有影响的俱乐部也开始在自己的活动和赛事中采用该体系。本节参考国际上的色级代码体系，结合我国定向运动发展现状，提出一套色级代码体系，并讨论技术难度 1~4 级的色级代码路线的设计。

一、色级代码路线体系概述

色级代码路线体系使用颜色作为路线的代码，对各种颜色代码对应的路线的技术难度，包括具体的定向技能需求和体能需求（主要体现在路线长度上），以及适用的活动对象和竞赛组别都作出了详细的定义。一般的规律是：颜色越深，技术难度越大；在同一技术难度下，颜色越深，路线长度越长。各种颜色代码的路线在难度上、适用对象和组别上呈现出明显的递进和晋级关系，因此被称为"色级代码"路线。色级代码路线体系体现了路线间的系统性、一致性和进阶性，为定向运动教学、活动和竞赛组织的路线设计提供了一套系统化的方案，也为定向活动和竞赛的参与者提供了一套系统化的训练和参赛指南。

（一）色级代码路线体系的结构

图 5-1 显示了色级代码路线体系的一种三维结构，其中技术维度分为 5 个层级，分别为白级、黄级、橙级、绿级和蓝级。路线长度维度反映了各技术层级下的体能需要。从第三个层级，橙级开始，同一难度层级分别提供了 2~4 种长度的颜色路线，以适应不同体能水平的参赛者的需要，颜色越深，路线长度越长。适用对象和组别维度分别从年龄、技能掌握水平和竞技性比赛的组别三个方面反映了颜色代码路线的应用范围。

技术难度	路线长度					适用对象和组别
	超短距离 1.0~1.9 km	短距离 2.0~2.9 km	中距离 3.0~5.0 km	长距离 5.1~7.5 km	超长距离 7.6~10.0 km	
难度1：非常容易	白					6~10岁和家庭组 M10B/W10B
难度2：容易	黄					12岁以下/家庭组 M10A/W10A/M12B/W12B
难度3：中等		橙	红			9岁以上黄色进阶者/成年初学者/家庭组 M12A/W12A/M14B/W14B
难度4：难		浅绿	绿	深绿		橙色或红色进阶者 M14A/W14A/M16B/W16B
难度5：非常难		墨绿	蓝	棕	黑	浅绿色进阶者 M16A/W16A/M18B/W18B/M18A+/W18A+

图 5-1　色级代码路线体系的三维结构示意图

（二）色级代码路线体系适用的地形

色级代码路线体系的难度标准是基于森林地形开发的，主要适用于森林，郊野公园。但也可以为城市街区、城市公园和乡镇村落地形中的路线设计提供参考。一般来说，这些地形中的路线难度只能达到橙级的水平。但如果执行路线时有较高的决策率要求，则给参与者的感觉会高于橙级水平。

（三）色级代码路线体系适用的定向形式

色级代码路线体系主要是为点对点路线开发的，但也可用于指导积分定向和团队定向赛的路线设计，但难度只能从黄级开始。积分定向和团队定向赛的路线设计的设计将在第六节详细介绍。

（四）应用色级代码路线体系的难点

色级代码路线体系应用的难点主要是少年儿童和老年人的色级代码路线设计。

1. 少年儿童色级路线的设计

少年儿童色级路线设计的困难在于要为他们提供技术和体力水平适合的路线。少年儿童色级路线设计常见的问题是路线设计得太难或体能要求太高。路线设计者必须牢记，少年儿童正在尝试一项能提供相当大的智力挑战的运动，他们需要各种鼓励才能享受定向运动，长时间迷失在森林中所产生的失败感是抑制他们持续参与定向运动的主要因素。因此，为他们设计的路线不能过分强调符合他们的能力的需求。即使在竞技性竞赛，路线设计者也必须记住，少年儿童参与者的表现并不稳定，也应该据正确的技术标准和推荐的长度设计简单的短路线。如果路线长度与技术标准发生冲突，路线必须符合正确的技术标准。

2. 老年人色级路线的设计

老年人色级路线设计常见的问题是路线设计得技术难度太低。老年人在技能上很可能具备 21 岁组参赛者那样的水平。因此，如果仅仅因为推荐的路线长度与少年儿童组相似，就将他们的路线与技术上较容易的少年儿童路线结合起来进行设计是完全不合适的，除非地形条件不支持设计高技术难度的路线。

二、白级路线设计

就提供恰好的技术和体能水平的路线而言，设计低技术难度的路线通常是最困难的任务。当涉及不同难度水平的路线时，从低难度的路线开始设计通常是最好的程序。

（一）路线设计的目标

1. 目的

将所有的颜色和有趣的符号与实地联系起来，路线应充当一次旅行的导游，让他们学会如何读图。不要担心路线太容易，要让每个人都获得成功。

2. 技能目标

（1）理解地图颜色和常用符号。

（2）用地形标定地图。

（3）沿大路和小路定向（扶手）。

（4）通过检查点位置识别出决策点，在决策点做出决定。

只要有了以上技能就必定能够完成路线。如果不能，那么就意味着路线太难了。

3. 体能目标

对白级路线而言，更重要的是合适的技术难度，而不是精确的路线长度。

（1）胜出时间约 20 分钟。

（2）路线长度 1.0~2.0 公里。

（二）起点和终点

1. 起点

起点应放在小路或大路上，但不能放在路的交汇或交叉上。因为这要求孩子们在不知道他们刚刚从哪里来的情况下决定走哪条路。让孩子们在所有人的注视下不得不马上做出决定是不容易的，不是一种鼓励他们出发的好起点。

2. 终点

终点应该位于能从最后一个检查点沿路到达的位置上。如果从最后一个检查点到达终点没有路，需要穿越开阔区域，不能从最后一个检查点看到，必须用清晰的引导带标识出来。

（三）从起点到终点

所有的路线都应沿着大路和小路，没有路线选择，包括在起点点标旗位置。

1. 白级路线的挑战是从起点沿着路到达终点

除非有人控制，应避免穿越任何公路，远离茂密或多刺的植被、陡崖、湖、河、溪和沼泽。想一想！让一个 8 岁的孩子独自沿着你给他们的路线跑，你开心吗？

2. 决策点

（1）决策点是不可以再继续朝同一方向前进，必须做出改变方向的决策的点。

（2）白级路线要求检查点放在每个决策点上，即在两个检查点之间没有交叉/交会路口。对于白级路线，可以将决策点的定义延伸为：孩子们可能认为他们必须改变方向的。因此，在有小路与大路交叉的小路上直行的路线上设置一个检查点以避免任何可能出现的困惑。另外，可以在两条主要的小路交汇处设置一个检查点来提醒他们核对地图。

3. 检查点

（1）检查点间应相距 200 米左右。但如果在一条大路上，让孩子们在一个检查点上停下来会更有趣。因此，可以利用大路上的特殊地标，如桥、门、路弯等打断单调的跑步过程。

（2）一条典型的白级路线应该有 10~15 个检查点。

（3）点标旗定位。点标旗和打卡器的定位应自动引导运动员朝下前往下一个检查点的正确的路。

（4）检查点说明。大多数孩子更感兴趣的是在路线上跑跑，而不是读说明，除了核对检查点代码，他们不会做更多。可以用图形、符号或文字检查点说明，无论如何，通常最好是同时提供文字检查点说明作为选项的标准。

（5）检查点代码。使用随机的检查点代码，让孩子们从一开始就养成在每个检查点检查检查点代码的习惯。

4. 离开小路

为了得到一条精美的路线，小路在某区域、某点没有合拢的情况是无可避免的。这种情况下主要的应对措施是：

（1）设置一条用带子标记的路线穿越一小片森林。

（2）地图上的开阔区域常常有墙和栅栏在一侧伴行，可以利用它们将路网连接在一起。

在一些路径缺乏的区域，特别是开阔区域，仍然可能用替代性的线状路特征设计符合白色标准的路线。如果参赛者被要求穿过开阔地，则必须使用引导带创造标记路线，而且，引导带必须从检查点的开始到检查点结束。

三、黄级路线设计

（一）路线设计的目标

1. 目的

通过让参与者冒险离开小路，在没有危险的森林中漫游而获得一点冒险经历，培养技能和自信。

2. 技能目标

（1）沿着明显的线状特征定向（扶手）。

（2）在没有检查点辅助的情况下识别决策点，在决策点做出决定。

（3）离开线状特征到附近可初见的检查点位置，然后返回到该线状特征。

3. 体能目标

对黄级路线而言，更重要的是合适的技术难度，而不是精确的路线长度。

（1）胜出时间约 25 分钟。

（2）路线长度 1.5~2.9 公里。

（二）起点和终点

1. 起点

起点应该在小路和大路上。此外，不能要求参与者在不知道自己刚从哪里来的情况下决定走哪条路，因此，小路的交汇作为起点通常是不适合的。如果为了在地图上标记精确的起点，必须用小路的交汇，那么，应该将地图和点标旗放在参与者必须顺着走的小路上。

2. 终点

终点应该容易定位，参与者到达最后一个检查点后就肯定能找到终点。

（三）从起点到终点

黄级路线的挑战是从起点沿着明显的线状特征到达终点，没有路线选择。

除非有人控制，避开一切穿越公路的情况，远离茂密或多刺的植被、陡崖、湖、河、溪和沼泽。

建议从一个相当容易的检查点开始，让参与者建立自信。然后引导至大量有适当的技术难度的检查点。

1. 从儿童的视角审视路线

路线设计的过程中应该将路线完整地走一遍，并从儿童的视角去审视路线。

2. 决策点

（1）每个路段最多可以有两个决策点，路段两端检查点上的决策点除外。

（2）决策点在地图和实地都必须明显。可能容易错过的判定点应安排为检查点。

（3）挑战来自沿哪条线路离开决策点，而不是找到决策点。

3. 检查点位置

（1）检查点间应较近，最大距离在 350 米左右。

（2）一条典型的黄级路线应该有 10~15 个检查点。

（3）线状特征外的检查点。线状特征外的检查点特征应该明显，离线状特征的最大距离约为 10~15 米，从线状特征看过去，点标旗清晰可见。要注意的是，判断线状特征外的特征与线状特征的距离的适宜性、特征上点标旗的可见性应采取儿童视角，必须蹲下来观察。

（4）小路与冲沟和土墙的相交处通常不明显，在这些位置离开路沿一个线状特征通过森林时，应在相交的位置安排一个检查点作为给提示信号。

四、橙级和红级路线设计

橙级路线所需要的技能与红级路线相同，只不过红级路线的距离更长。以下仅讨论橙级路线的设计要点。

（一）路线设计的目标

1. 目的

通过让参与者在没有引导的情况下冒险进入森林中，并在森林的另一端提供一些特征帮助参与者返回，从而防止他们在出现错误后留在森林中漫无目标的闲逛，培养自信、爱好和技能。

橙级路线常常是成年初学者或家庭组定向的开始路线。成年人可能比儿童更有自信带着地图走进森林中。然而，由于缺乏定向技能可能导致过度自信，因此，路线设计应防止他们严重地迷失方向。

2. 技能目标

（1）走捷径。

（2）运用指北针在两个线状特征间走捷径进行短距离穿越。

（3）依靠概略指北针方位在短路段导航到位于拦截特征上或前的检查点。

（4）简化有多个决策点的路段。

（5）做出简单的路线选择决策。

3. 体能目标

对橙级路线而言，重要的是合适的技术难度，而不是精确的路线长度。

（1）胜出时间约 30 分钟。

（2）路线长度：橙级 2.0~2.9 公里，红级 3.0~5 公里。

（二）路线设计要点

1. 路线的基本形式

橙级路线的基本形式主要是沿着明显的线状特征导航，出错后重新定位相当容易。

2. 起点

通常使用与白色和黄色路线相同的起点。

3. 检查点和路段

（1）一条典型的橙色路线有 12~18 个检查点，路段长度在 100 米至 400 米之间。

（2）路线中开始的一个或两个路段要简单。

（3）检查点应在线状特征上、突出的点状或等高线特征上，并有一个位于线状特征上的攻击点。应该能够沿着线状特征到达攻击点。

（4）提供可以走捷径的路段。走捷径是指瞄准一个安全特征，离开小路进入森林中切一个拐角行进，特别是在可跑性良好的森林中。这是青少年可以离开小路进入森林中开始做的最简单的事情。

（5）提供可以利用指北针导航走捷径通过两条线状特征间的地形的路段。这是一类走捷径概念的扩展性应用。

（6）提供需要短距离概略指北针导航到达位于拦截特征上或前的检查点的短路段。拦截特性应该能确保获得重新定位的机会，出现错误的成本应该小。

（7）提供可以利用多个决策点简化路段的路段。用决策点简化路段可以测试简化读图的能力。如忽略小的/次要的线状特征的交汇，只将注意集中于大的特征。在路段最初的部分概略读图，到达攻击点后再仔细读图。

（8）提供需要做出简单的路线选择决定。利用有 4~5 个决策点的长路段提出路线选择的挑战，同时也提导航挑战。

五、绿级路线设计

（一）路线设计的目标

1. 目的

为参与者提供更高水平的挑战，检验参与者更高级的定向技能。但是，进入该水平的参与者仍然容易犯错误，路线对他们的惩罚应该适度，不能让他们感到灰心。因此，路线在出错后应该容易重新定位，将不会导致大量的时间损失。

2. 技能目标

（1）长距离概略指北针导航到达拦截特征。

（2）在短路段上运用精确指北针导航技能。

（3）利用简单的等高线特征进行短距离导航。

（4）需考虑多种因素的路线选择。

3. 体能目标

（1）胜出时间约 30 分钟。

（2）路线长度：绿级 2.5~3.5 公里，深绿 3.6~5.0 公里，墨绿 5.1~7.0 公里。

（二）路线设计要点

1. 路线的基本形式

路段长度和方向富有变化，两个路段间所需要技能也富有变化。如，在一个需要精确指北针导航的短路段后接着一个需要概略指北针导航的长路段。

2. 检查点和路段

（1）一条典型的浅绿色路线至少有 10 到 12 个检查点。

（2）检查点位置可以是任何要求仔细读图的复杂等高线细节以外的特征。

（3）使用明显的线状特征作为拦截特征和重新定位特征。

（4）提供需要长距离概略指北针导航到达拦截特征的长路段。长距离概略指北针导航通过好跑的森林或开阔地，不仅培养指北针运用能力，也培养集中能力。

（5）提供需要短距离精确指北针导航的短路段。该路段要求综合运用指北针精确导航技能和步测技能。参与者必须能选择出好的攻击点，然后带着自信精确导航向检查点前进。

（6）提供可以利用简单的等高线特征短距离导航的路段。利用等高线导航是定向运动中必须学习的最难的技能。路段应该为参与者提供将等高线特征，如山凸和山凹转变为线状特征的机会。

（7）提供需要路线选择决策的长路段。对路线选择长路段的基本要求是公平，一个好的路线选择路段应该意味着如果正确的完成，导航越困难线路花费的时间应该越少。

第二节 校园环境路线设计

一、校园环境路线设计

校园环境路线设计主要是为教学服务的。定向运动教学一开始通常先采用完整教学法让学生体验定向运动、激发学生的兴趣，然后再通过分解教学法让学生掌握各种定向技术。另外，在学生已掌握了一定的基本定向技术后，在离开校园开始进入到公园和野外进行定向运动实践的初期通常也采用教学路线来教学，让学生在定向运动实践中迅速掌握灵活运动所学技能的技巧。因此，教学路线是一类定向运动技能"速成"教学路线或教学形式和教学手段。教学路线的主要特点是在地图上标出各种保护与帮助信息，并在实地设有各种保护与帮助标志牌和引导牌。如在地图上用红色的"×"表示某些道路可能导致错误，不能通行。在实地常设的标志主要有沿标志物行进；你现在在这里（如地图上的信息相对应）；在图上标注站立点，不要忘记打卡、此路不通；利用指北针步行（通常同时在标志旁附上指北针的使用方法）；你走错了方向，往回走；等等。

（一）地形

应针对学生的体能和认知水平和认知能力选择不同的地形。对认知水平不完善、年龄较小的初学者，应将路线设置在有较多的"平面地物"的校园中，也可以是操场和校内小花园。对认知水平完善或具有一定基础后的学生，可以把路线设置在有一定的起伏变化和较多地物的校园和公园中。

（二）地图

地图比例尺应根据学习进程而逐步缩小。最初的初学者适用于

1：500、1：1000、1：2500 或 1：3000 的比例尺。

二、路线设计要点

（1）路线中至少要有一个需要参与者使用指北针的路段。

（2）路线中应设置一些引导牌，必要时还可以安排教师在途中为参与者提供指导。

（3）开始时的路线应该短而简单，以沿线状特征行进为主，然后可以逐步提高路线的难度和长度，包括改变地形，如逐步从简单校园或校园中较简单的区域过渡到复杂校园或整个校园、公园等。

（一）路段设计

（1）路段应以短路段为主。

（2）对年龄较小的初学者通常设计 5~6 个路段，对于年龄较大的初学者可设计 10~12 个路段，每个路段应有不同的技术要求。

（二）检查点设置

（1）最容易的路线中，检查点应位于"扶手"特征地物上。

（2）较容易的路线中，检查点应靠近"扶手"特征地物处，或在容易捕捉地物后面。

（3）较难的路线中，检查点应位于容易捕捉地物前面。

路线设计员在一场竞赛或活动中的路线设计工作通常分为赛前路线设计、赛中路线设置、赛后路线评估三个部分。其中赛前路线设计部分又分为调研阶段、实地勘查、路线设计、实地测试、优化定稿、地图打印和路线预设七个阶段。

第三节　定向运动新态势路线设计

定向运动新态势是近十年来发展起来的定向形式，目前尚在快速发展中，以下仅进行简单的介绍。

一、定向环境或场地

新态势环境主要包括二类，一是模拟环境，二是场类运动场。这些环境共同的特点主要有两个，一是通常是参与者熟悉的环境或相对熟悉的环境，二是从空间大小来看，属于远景空间。

二、地图和地图比例尺

地图参照制图规范测制，比例尺 $1 : 100 \sim 1 : 500$。

三、路线设计要点

路线主要检查点参与者标定地图的技能和快速决策的技能，因此，路段间应该在方向和长度上应该有较高的变化频率和幅度，可以通过主设计模拟的障碍物提供不太明显的路线选择。

第六章 定向运动路线设计实践二

第一节 接力赛路线设计

一、接力定向赛路线的结构

接力赛是点对点定向与接力的结合。接力赛每棒的路线由若干个赛段组成，每个赛段通常由 2~4 个路段组成。赛段是接力赛路线的基本结构单元。每个赛段有若干个赛段变式（团队变式）随机分配给各队各棒次运动员。通常，每个赛段的赛段变式数量与棒次数量相同。每个队都必须跑完每个赛段的每个变式。这样，虽然每棒可能由于赛段变式的组合不同而路线不同，但整个队的路线是相同的。如图 6-1 所示的接力赛定向路线由 2 个赛段组成，每个赛段有 A、B、C 3 个赛段变式。

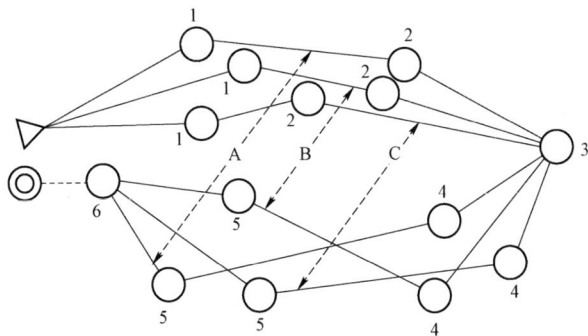

图 6-1 接力定向路线示意图

每一棒所跑的路线组合可以有 AA、BB、CC、AB、AC、BA、BC、CA、CB 等，也就是说每棒所跑的路线可能相同也可能不同，但每个队所跑的总的路线组合都相同。

二、接力赛路线设计的原则

接力赛是点对点定向与接力的结合。接力赛每棒的路线相当于 1 条点对点路线。因此，简单地说，接力赛路线的设计就是点对点定向路线的设计，应遵循点对点定向路线设计的原则。但是，由于接力赛队际竞争的性质和观赏性的需要，要求同一赛段内各赛段变式的完成用时基本相同。

三、OCAD11 软件在接力定向赛路线设计中的应用

应用 OCAD11 软件的路线设计模块设计接力定向路线可以分为路线设计和打印输出两个阶段。其中，路线设计阶段由创建接力路线、赛段设计、（独立）路段设计和路线修饰四个环节组成，以赛段设计为主要内容，（独立）路段设计穿插在赛段设计之间。

（一）创建接力路线

（1）创建一个接力赛路线设计项目。

（2）添加接力赛路线设计项目对象。除了添加起点、检查点、终点、标记路线、检查点说明表点位等对象到项目中外，接力赛路线设计还要添加赛段变式组合和出发编号+棒次对象到项目中。

（3）创建一条新路线。单击【Course Setting（路线设计）】菜单中的 Courses（路线），在 Courses（路线）对话框的 Course types（路线类型）栏中选择接力，在（Legs）赛段栏中选择赛段数量（棒次）（图 6-2）。

Courses

Course:	Length: [km]	Extra length: [km]	Height climb calcula [m]	Height climb used: [m]	Number of controls:	Course type:		Legs:
Course 1	0.00	0.00	0	0	0	Relay		4

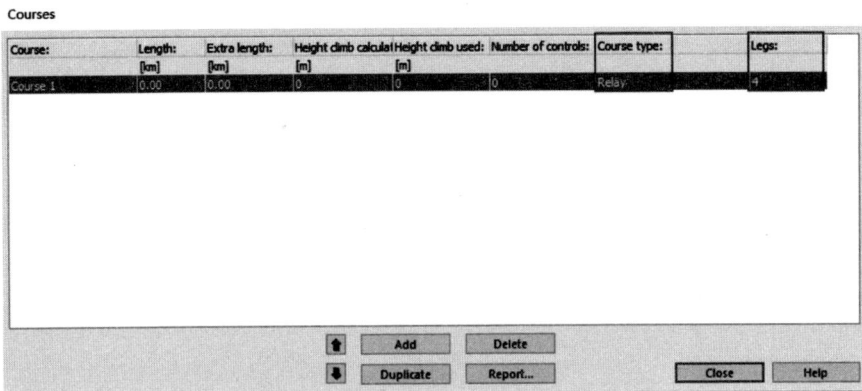

图 6-2 Courses（路线）对话框

（4）创建一个新组别。单击【Course Setting（路线设计）】菜单中的 Classes（组别），在 Classes（组别）对话框中勾选自动创建组别，在运动员/队栏输入接力队的数量，并为各队分配起始编号（图 6-3）。

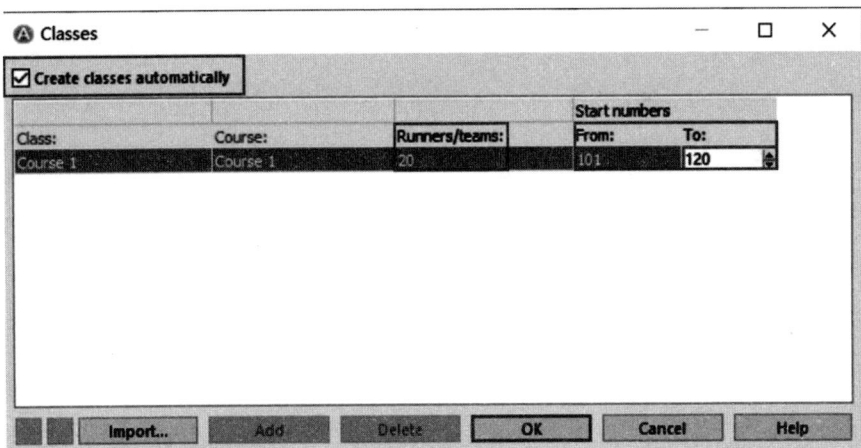

图 6-3 Classes（组别）对话框

（5）添加起、终点对象到路线中

（二）赛段设计

（1）添加赛段对象到路线中：

①在路线栏的路线对象箱中的接力路线上拟插入赛段的位置插入一

位置插入一个位置标记，双击对象列表中的检查点或地图上的检查点将它们添加到标记的位置上。

（四）路线修饰

路线修饰与对点点路线相同。但是，由于绘图区中的接力赛路线要复杂得多，修饰路线要更加仔细，工作量也大得多。

（五）打印输出

（1）点击文件菜单中的打印或点击工具栏中的打印按钮，在 Print Course（打印对话框）在中选择相应选项。

（2）点击 Print（打印）按钮，Print（打印）对话框出现（图 6-6）。对话框中各栏内容如下。

①Variants（赛段变式组合）栏：

All（全部）：打印全部的赛段变式组合。

Variants（赛段变式组合）：打印在下拉列表中选择的赛段变式组合。

②Start numbers 出发编号与棒次栏：

a. Start numbers（出发编号）对话框：

All（全部）：打印路线对话框中所定义的起始编号范围内所有队的指定棒次的路线，具体棒次由 Legs（棒次）对话框定义。

Number（s）（编号）：打印指定编号或指定编号范围内的指定棒次的路线，具体棒次由 Legs（棒次）对话框定义。

b. Legs（棒次）对话框：

All（全部）：打印所有棒次的路线。

Leg（棒次）：打印指定棒次的路线。

（3）单击 OK 按钮。

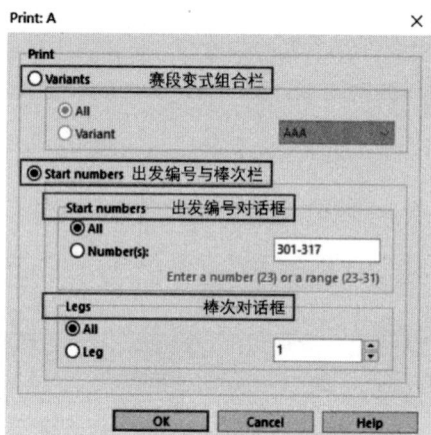

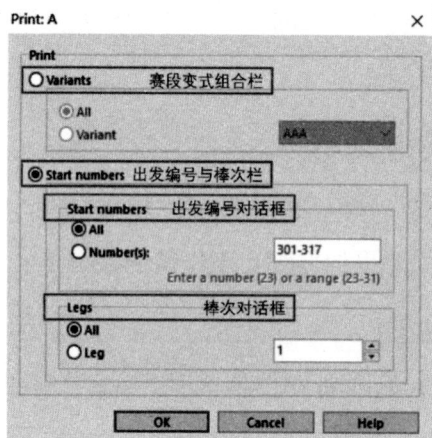

图 6-6　Print（打印）对话框

第二节　自由式定向路线设计

目前国内开展的半自由式定向主要是积分赛，本节以积分赛为例介绍自由式团队赛的设计。

一、积分定向赛路线设计

（一）路线设计的目标

积分赛的路线应该为参赛者提供规划路线和时间管理上的挑战，以检验参赛者让时间和距离与其导航能力协调一致，在规定时间内获得最大积分的能力。参赛者在积分定向中主要将面临三个方面的挑战。

（1）从所有检查点中选择访问的检查点子集。在一个理想的积分定向赛中，一个高水平的参赛者不可能在与其能力相适应的路线上，在规定的时间内访问所有的检查点。参赛者要做的最重要的决策之一就是放弃哪些检查点。如果一些参赛者可以在规定的时间内访问所有检查点，而不需要选择所要访问的检查点子集，那么，他们将错过积分赛最有吸引力的决策部分，即冒着因超时罚分而失去部分或全部积分的风险去访问检查点。

（2）决定访问检查点的顺序。

（3）选择检查点之间的路线和沿选定路线导航。

（4）随着比赛的进行，对以上决策进行重新考虑。

（二）检查点和路段设置

（1）检查点分布形式。检查点在场地中可以以单独、成对和群聚等多种形式分布，但应该以成对和群聚的方式为主，而不应该均匀分布。以成对和群聚的方式设置检查点具有以下优势：

①在场地条件适合的情况下，可以使参赛者的路线规划中出现一些长路段。

②一个检查点可能成为另一个检查点的攻击点。

③向参赛者提出一个困难的抉择。如，检查点 A 分为 30 分，距离较远但相互间靠近的两个检查点 B 和 C 的分值各为 20 分，选择 A，还是选择 C 和 B。

（2）检查点数量与检查点分布。检查点数量及其分布应保证即使最好的参赛者也不能在规定时间内到访所有的检查点，迫使运动员必须选择到访的检查点。

（3）对于少年儿童，应该在起点和终点附近设置一些比较容易的检查点，同时也可以设置一些比较难的检查点，以鼓励冒险。

（4）应有一条必经路线引导运动员到达终点。

（5）谨防出现以起、终点为中心的由检查点环组成的路线。尽管参赛者可以从不同的方向出发，但他们在此之后唯一的路线选择将是决定沿顺时针还是逆时针定向。

（三）路线难度

路线难度取决于技术难度和体能难度。体能难度取决于地形、限定时间、检查点分布范围与距离。技术难度取决于检查点位置和路段难度。

（1）从起点开始就应向参赛者提出挑战。大多数检查点都应向参赛者提出挑战，让他们决定下一步该往哪里走。一条设计良好的路线应该让参赛者朝着不同的方向出发，而不是让参赛者都以特定的方向和顺序访问一系列检查点。

（2）参赛者可以从多个方向到达和离开检查点。

（3）检查点位置应与路线的技术难度相适应。

（4）对习惯于技术难度 3 及以上难度的点对点路线的参赛者，相邻检查点之间应有路线选。

（5）积分赛不适合那些习惯于难度 1 的点对点路线的少年儿童，因为其最低难度超过难度 1 的点对点路线。

（6）如果有多个水平不同的组别参赛，应该设置两套不同难度的检查点，一套为少年儿童和新手设置，包含技术难度 2 和 3 的检查点位置和路段；另一套为有经验的参赛者设置，包括技术难度 3 至 5 的检查点位置和路段。

（四）检查点分值和检查点说明

1. 检查点分值赋值原则

（1）检查点分值不一定与其离起点和终点的距离，或检查点访问难度相关。

（2）一般情况下，检查点离起点和终点的距离越远分值越高，检查点访问难度越大，分值越高。

（3）通往终点的必经路线的起终位置上的检查点分值应该明显高于其他检查点的分值。

2. 检查点分值的表示方法

（1）检查点分值用带中括号的数值表示，并紧接在检查点代码后，或通过"-"连在检查点代码后面。如31［10］和31-［10］均表示检查点的代码为31，分值为10分。该方法可能会覆盖更多的地图细节。

（2）用检查点代码表示分值。一是检查点分值等于检查点代码，这样每个检查点都会被赋予不同的分值；一是使用代码组块，具有同一个代码组块的检查点的分值相同。如，代码在30~39之间的所有检查点的值都是30，代码在40~49之间的检查点值是40，等等。

（3）对于涉及两部分的积分定向路线，第1部分和第2部分的检查点应该通过它们的检查点代码清晰地区分开来。如，第1部分检查点代码范围为31~99，第2部分的范围为100~199。

（4）起点或终点附近的高值检查点比其他检查点对参赛者更有吸引力。

3. 检查点说明表

（1）应该在检查点说明表中用规定时间替换其表头中的路线长度和爬高量。

（2）在检查点说明表中应该按检查点代码大小顺序由小到大排列检查点说明。

（3）如果必要，检查点说明表中的第1列可以是检查点分值。

（五）规定时间

（1）规定时间应该根据活动或参赛对象的需求、地形进行设置。

（2）超时罚分原则是明显的超时不可能实现的积分的"净收益"。例如，如果检查点值在10~40分的范围内，则每分钟扣分30分。参赛者必须清楚这项惩罚是如何实施的：每分钟30分，或每2秒1分。

（六）小场地积分定向赛的路线设计

如果活动或竞赛区很小，最好的参赛者可能会在限定的时间内访问所有的检查点，可以考虑以下策略。

（1）使用一个足够大的区域。

（2）增加检查点密度。增加检查点密度并不是一种值得推荐的方法，该方法经常会让积分定向赛变为打卡练习赛。

（3）减少规定时间。减少规定时间可能会导致活动和比赛的体验感下降，趣味性降低。

（4）将路线设计为两部分，使用场地两次。参赛者通常采用的方法是在第 1 部分访问所有检查点，然后在第 2 部分收集尽可能多的检查点。因此，这种方法的缺点是第 1 部分变成了一个不设路线选择的点对点活动或比赛。最好的办法是让第 2 部分检查点的分值设计为在总体上高于第 1 部分，参赛者可以在任何时间和地点从第 1 部分过渡到第 2 部分；但是，参赛者一旦打了第 2 部分的检查点，他们再访问第 1 部分的检查点将不被记分。

（5）以计时积分赛的形式进行比赛。这种方法有两种形式，一是规定必须获得的积分，让参赛者在尽可能短的时间内自选检查点和自选访问顺序访问若干检查点，取得规定的积分；一是让参赛者在尽可能短的时间内访问全部检查点，无论顺序如何。但这种形式会减少许多传统积分赛的决策需求。

（七）OCAD11 软件在积分定向赛路线设计中的应用

应用 OCAD11 软件的路线设计模块设计积分定向路线可以分为路线设计阶段和检查点说明表编辑两个阶段，各阶段的主要操作步骤如下。

1. 路线设计阶段

（1）创建一个新的路线设计项目并添加项目对象（检查点）。

（2）创建一条新路线。

（3）向路线栏中添加路线对象。添加检查点时要按检查点代码顺序添加（包括起、终点）。

（4）在路线设计工具箱的路线符号集中选中 Connection Line（连线符号）。

（5）点击右键，在右键菜单中选择 Hide（隐藏）。

（6）在路线设计工具箱的检查点说明符号集中选中 Control Number（检查点序号）。

（7）点击右键，在右键菜单中选择 Hide（隐藏）。

（8）单击【Course Setting（路线设计）】菜单中 Options（选项）。

（9）在 Options（选项）对话框的检查点序号和代码栏选择 Code only（仅显示代码）。

（10）变更检查点代码为检查点赋值，如 31→31－［20］或 31→31［20］；32→32－［10］或 32［10］，其中方括号内的数值为检查点分值。

（11）修饰路线。

（12）单击【Course Setting（路线设计）】菜单中的 Export（导出）命令，导出 . cad 格式的路线地图。

2. 检查点说明表编辑阶段

（1）打开路线地图文件，删去检查点说明表头中的路线长度、爬高量和两者之间的竖线。

（2）在右侧的检查点说明符号集中选中 Control description：Title（检查点说明：标题）。

（3）点击右键，在右键菜单中选择 Edit（编辑）。

（4）在编辑对话框的 Font（字体）下拉列表中选择相应的中文字体。如宋体。

（5）在工具栏中选择任意绘图模式工具，在检查点说明表表头中原路线长度、爬高量位置点击，输入规定时间。点击工具栏中的保存图标。

第三节　半自由式定向路线设计

国内目前开展的半自由式定向赛主要是团队，以下以团队赛为例介绍半自由式定向路线的设计。

一、团队定向赛路线设计

（一）路线设计的目标

团队定向赛路线应该检验团队队长的领导能力和队员间分工协作完成比赛的能力。参赛团队在团队定向赛中主要将面临三个方面的挑战。

（1）快速、合理地分配自由点。队长在队员的配合下，按队员的能力准确、快速地分配自由点，确保所有的队员都能在几乎相同的时间内完成比赛。

（2）队员独自或协作决定访问检查点的顺序。

（3）队员独自或协作选择检查点之间的路线和沿选定路线导航。

（二）必经路线的设计

（1）必经路线按点对点路线设计，并与整个路线的难度要求一致。

（2）必经点旁应标出其序号，在不影响地图细节的清晰、易读时，可以在序号后标上检查点代码，并用"-"与序号相连。

（3）如果场地条件允许，应在最后一个必经点附近安排一个集结区。在竞赛中心应能看到团队成员在集结区交流，到达最后一个检查点打卡、集体冲刺的过程。

（三）自由点的设计

（1）自由点应该以必经路线的路段为单位，围绕着路段展开设计，并与整个路线的难度要求一致。

（2）以路段为参照，自由点在场地中可以以单独、成对和群聚等多种形式分布，但应该以成对和群聚的方式为主，而不应该均匀分布。

（3）自由点旁应标出其检查点代码。

（四）检查点说明表

（1）必经路线和自由点的检查点说明表应分开排列。

（2）必经路线的检查点说明表采用点对点路线的检查点说明表模式，并用"必经路线"代替换检查点说明表表头中的路线长度和爬高量。

（3）自由点采用积分定向检查点说明表的模式，其最上面的一行中的标题为自由点。

二、OCAD11 软件在积分定向赛路线设计中的应用

应用 OCAD11 软件的路线设计模块设计团队定向路线可以分为路线设计阶段和路线与检查点说明表编辑两个阶段，各阶段的主要操作步骤如下。

1. 路线编辑阶段

（1）创建一个新的路线设计项目并添加项目对象（检查点）。

（2）创建一条新路线。

（3）向路线栏中添加路线对象。首先按必经路线的顺序添加检查点（包括起、终点）、检查点说明表点位符、标记路线等。然后，再按自由点代码顺序添加自由点要。

（4）单击【Course Setting（路线设计）】菜单中 Options（选项）。

（5）在 Options（选项）对话框的检查点序号和代码栏选择 Number and code（显示序号和代码）。

（6）单击【Course Setting（路线设计）】菜单中的 Export（导出）命令，导出 .cad 格式的路线地图。

2. 路线与检查点说明表编辑阶段

（1）打开路线地图文件，在右侧的符号集中选中 Control Number

（检查点序号符号）。

（2）点击右键，在右键菜单中选择 Duplicate（复制），在原检查点序号符号右侧生成一个新的检查点序号符号。

（3）在右侧的符号集中选中 Connection Line（连线符号）。

（4）点击右键，在右键菜单中选择 Duplicate（复制），在原连线符号右侧生成一个新的连线符号。

（5）在检查点说明表的序号列中选中一个必经路线的序号，再选中符号集中的新的检查点序号符号，点击工具栏中 Chang Symbol（Selected Objects）（改变选中的符号）工具。依此类推，将必经路线上的所有检查点序号改为新的检查点序号符号。

（6）在右侧的符号集中选中 Control Number（检查点序号符号）。

（7）点击右键，在右键菜单中选择 Hide（隐藏）。

（8）在地图上的路线中选择一条必经路线上的连线，再选中右侧的符号集中选新的 Connection Line（连线符号），点击工具栏中 Chang Symbol（Selected Objects）（改变选中的符号）工具。依此类推，将必经路线上的所有连线改为新的连线符号。

（9）在右侧的符号集中选中 Connection Line（连线符号）。

（10）点击右键，在右键菜单中选择 Hide（隐藏）。

（11）删除地图上的路线中的自由点上的检查点序号及其后的"-"。

（12）点击工具栏中的 Select and Edit Object（选择和编辑对象）按钮，用该工具框选地图上的检查点说明表。

（13）点击工具栏中的 Duplicate Objects（复制对象）按钮，复制一个新的检查点说明表。

（14）将一张检查点说明表中的自由点部分删去，并用"必经路线"替换检查点说明表表头中的路线长度和爬高量，得到必经路线的检查点说明表。

（15）将另一张检查点说明表中的必经路线部分删去，并用"自由点"替换检查点说明表表头中的路线长度和爬高量，得到自由点的检查点说明表。

（16）调整两张检查点说明表到适当位置。

第四节　夜间定向路线设计

一、夜间定向的特点和设计要求

夜间定向与白天定向不同，需要佩戴头灯作为照明工具、手持地图在黑暗的环境中进行定向运动，给人以强烈的冒险与刺激的感觉。夜间定向是一项充满冒险感觉与刺激的项目，参加夜间定向的人会更大胆、更自信。只要选择合适的地形，夜间定向同样能适合新手参加，而且夜间定向能给新手提供更深刻的记忆。夜间定向与白天定向在技术上的区别是运动员应该随时读图并明确自己的站立点，且较少使用概略定向技术。

（一）比赛区域地形

1. 地形的基本要求

地形相对平坦、地物特征较多、易于奔跑的区域；其地形不但能设计长路段，又可以让迫使运动员多读图，还能提供多种路线选择。为了保障初级水平或新手的安全，应选择相对封闭的区域作为活动区域，如有围墙的校园、公园或是有道路围绕的森林地带。

2. 注意避免的地形

分布有危险石（土）崖的山地；夜间不易察觉的沼泽地或废弃的矿洞及可能存在较高风险的地形。

（二）比赛地图

根据地形特点选择地图比例尺，一般情况下，为保证地图的易读性，应该选择较大的比例尺，如 1 ：3000、1 ：4000 和 1 ：10000 的比例尺。对于新手及年龄较大的参与者应尽可能选择较大的比例尺。

（三）检查点设置

（1）检查点的点标旗上应该设置反光条，当运动员的头灯照射到反光条时能很快的辨认出点标旗。

（2）检查点的位置应使运动员在较近的情况下才能发现。

（3）检查点不应设置在小山丘的顶部、高出地面较多的小山包上。

（4）检查点应利用自然条件挡在灯光反射的地物与特征附近。

（5）好的检查点要求运动员在到达检查点之前都应仔细读图。

（6）检查点特征、位置及点标旗与检查点特征的位置关系一定要在检查点说明表中明确说明。

二、初级、娱乐性夜间定向路线设计

初级和娱乐性路线设计主要为参与者提供参与夜间定向活动的机会，其首要工作就是安全。

（1）活动区域应选择在有路灯的公园、校园进行。

（2）路线设计以短路段为主，其难度应考虑水平最低的参与者的情况进行设计。

（3）检查点的高度可以适当放高一些，并设置在夜间较易辨认的地物附近。

三、中级夜间定向路线设计

中级路线设计主要为具备一定经验的参与者提供提高定向技能与挑战提供机会。

（1）活动区域可以选择有照明的公园、校园，也可选择有较多植被的森林。

（2）路线设计中增加少量长路段的数量，其难度应考虑水平较高的参与者情况进行设计。

（3）检查点设置根据标准高度进行设置，设置一定数量利用自然条件挡住灯光反射的地物与特征附近的检查点。

四、高级夜间定向路线设计

高级路线设计主要针对竞技性参与者，其路线设计应体现较强的竞争性、较高的难度以及对体能的较高要求。

（1）比赛区域应该选择地形相对平坦，地物特征丰富的野外森林，运动员主要靠指北针技术与距离判断捕捉检查点。

（2）主要路段中应有多条长路段，且设计在特征多样，细节丰富，对定向技能要求高的区域。

（3）检查点设置根据标准高度进行设置，大部分检查点都设置在利用自然条件挡住灯光反射的地物与特征附近。

（4）根据需要可在中途设置饮水点。

五、组织夜间定向活动的注意事项

夜间定向活动的组织首要考虑的是安全，与白天定向活动有着比较大的区别。因此，我们在组织夜间定向活动时应从多方面考虑其特殊性。

（一）活动组织工作的便利性

由于夜间组织活动，其光亮度会影响到各项组织工作，如竞赛中心、出发点、终点等。因此为了给活动组织提供方便，竞赛中心最好能选择有灯光照明的地方，且大部分工作能在室内完成。

（二）确保路线的安全性

为了确保路线的安全性，应在与活动同等条件下对路线进行测试，即在比赛前的晚上对路线进行试跑，一是检查路线与区域的安全性；二是检查检查点位置摆放是否符合要求；三是检查路段中的若干行进路线选择是否合理。安排试跑时，试跑员应是不熟悉比赛区域的人。

参考文献

［1］王翔，朱建清．定向运动［M］．3 版．北京：高等教育出版社，2023.

［2］朱露，王翔，李明．青少年定向运动运动技能等级标准与测试方法［M］．北京：科学出版社，2022.

［3］L・Claesson，K・B・Gawelin，等．定向运动路线设计与技能训练［M］．吴寿虎，徐青，译．北京：解放军出版社，1994.

［4］冈纳・哈斯尔斯特兰德，伯梯尔・诺尔曼，阿恩・英格斯特罗姆．全程定向越野技能和训练［M］．宋元生，苏燕生，苏垚，译．北京：国防大学出版社，2010.

［5］张铁良，邢启明，张洁．定向越野路线设计原则与实践［J］．国防科技，2018（2）：123-127.

［6］钟国星．百米定向决赛线路设计的案例分析［D］．广州：广州体育学院，2017.

［7］马梓烟．定向越野比赛地图路线设计规律研究［D］．太原：山西师范大学，2021.

［8］何慧．定向运动路线设计分析——以 2015 年至 2019 年国内外四大锦标赛为例［D］．成都：四川师范大学，2021.

［9］张明敏．基于校园环境的体育课定向运动路线设计研究［J］．学园，2021（2）：80-83.

［10］贾普俊．山地定向越野比赛场地选择与路线图设计规律研究［D］．太原：山西师范大学，2012.

［11］ International Orienteering Federation. International specification for orienteering maps （ISOM 2017-2） ［S/OL］. ［2022-02-25］. https://orienteering. sport/iof/mapping/.

［12］ International Orienteering Federation. International specification for sprint orienteering maps （ISSprOM 2019-2） ［S/OL］. ［2022-02-25］. https://orienteering. sport/iof/mapping/.

［13］ IOF Map Commission, IOF Foot Orienteering Commission. Guidelines for mapping and course planning in complex urban structures on sprint orienteering maps ［S/OL］. ［2022-02-25］. https://orienteering. sport/iof/mapping/.

［14］ IOF Map Commission. Symbol set for school orienteering maps 2019 ［S/OL］. https://orienteering. sport/iof/mapping/.

［15］ International Orienteering Federation. International specificationfor control dscriptions （2018） ［S/OL］. ［2022-02-25］. https://orienteering. sport/iof/rules/control-descriptions/.

［16］ Andersson G. Orienteering at shool ages 6-15 （2th ed） ［M/OL］. Australia: Str8 Compasses, www. str8compass. com, 2020. ［2022-02-25］. https://issuu. com/byorienteering/docs/cool_ book_ ages6-15_ english_ web_ final? fbclid = IwAR3odhqDnFZmKc13oah42uwYVprr1I3vql6VRovck_ ZfP25nC6gTR3lkq7w.

［17］ McNeill C, Wright J C, Renfrew J. Teaching orienteering （2th ed） ［M］. United Kingdom: Harveys, 1998.

［18］ International Orienteering Federation. competition rules for International Orienteering Federation （IOF） foot orienteering events （2021） ［S/OL］. ［2022-02-25］. https://orienteering. sport/orienteering/competition-rules.

［19］ IOF Foot Orienteering Commission. Guidelines for course planning sprint competitions (2020) [M/OL]. [2022-02-25]. https://orienteering. sport/mtbo/internal/event-organising/plan-and-organise-an-iof-event/.

[20] IOF Foot Orienteering Commission. Guidelines for course planning footO forest competitions (2020) [M/OL]. [2022-02-25]. https://orienteering. sport/mtbo/internal/event-organising/plan-and-organise-an-iof-event/.

[21] British Orienteering Association. Rules of Orienteering (V3.9) [S/OL]. (2020-01-01) [2022-02-25]. https://www. britishorienteering. org. uk/rules.

[22] Graham Nilsen. Course planning [M/OL]. British Orienteering Federation, 2006. https://www. britishorienteering. org. uk/images/uploaded/downloads/planners_ courseplanningguide. pdf.

[23] Elkington B. Planning the white course [EB/OL]. [2022-02-25]. https://www. octavian-droobers. org/od/documents/planners/planners _ whitecourses. pdf.

[24] Elkington B. Planning the yellow course [EB/OL]. [2022-02-25]. https://www. octavian-droobers. org/od/documents/planners/planners _ yellowcourses. pdf.

[25] Elkington B. Planning the orange course [EB/OL]. [2022-02-25]. https://www. octavian-droobers. org/od/documents/planners/planners _ orangecourses. pdf.

[26] Elkington B. Planning the light green course [EB/OL]. [2022-02-25]. https://www. octavian-droobers. org/od/documents/planners/planners _ lightgreencourses. pdf.

[27] Elkington B. Planning the green, blue, brown and black Courses [EB/OL]. [2022-02-25]. https://www. octavian-droobers. org/

od/documents/planners/planners_ greenandblackcourses. pdf.

［28］ OCAD Inc. OCAD offline wiki ［EB/OL］. （2020-02-11） ［2023-02-25］. https://www. ocad. com/wiki/ocad/en/index. php? title = Main_Page.

［29］ Orienteering Canada. Officials'Training Program-O100 Level Manual ［EB/OL］. ［2023 - 02 - 25］. https://vdocuments. mx/download/o100-level-2018-06-11-officials-training-program-o100-level-manual-orienteering. html.

［30］ Orienteering Canada. o200 Level Manual ［EB/OL］. ［2023-02-25］. https://www. pdffiller. com/94863796-Level200 _ draftpdf-Canadian-Orienteering-Federation-Officials-Training-Program. html.

［31］ Orienteering Canada. O300 Course Planner （2014） ［EB/OL］. ［2023-02-25］. https://dokumen. tips/download/link/orienteering-canada-o300-course-orienteering-canada-o300-course-planner-2014-4. html.

［32］ Ross Barr. Sprint O or Short Course? ［J］. The Australian Orienteer, 2017 （6）: 22.

［33］ Ross Barr. Sprint Orienteering- "It's easy （if you're walking） " ［J］. The Australian Orienteer, 2017 （4）: 9.

［34］ Orienteering Association. Just how good was that Sprint （or Urban） race? ［EB/OL］. ［2023-02-25］. http://act. orienteering. asn. au/wp-content/uploads/2017/06/Just-how-good-was-that-Sprint. pdf.